Impressum
Verlag: BABADADA GmbH, Nedderfeld 112 , 22529 Hamburg
Geschäftsführer / Verlagsleitung: Harald Hof
Druck: Books on Demand GmbH, In de Tarpen 42, 22848 Norderstedt

Imprint
Publisher: BABADADA GmbH, Nedderfeld 112 , 22529 Hamburg, Germany
Managing Director / Publishing direction: Harald Hof
Print: Books on Demand GmbH, In de Tarpen 42, 22848 Norderstedt

σχολείο
škola

σχολική τάξη
učionica
διαιρώ
dijeliti
186/2
πίνακας
ploča
σχολική αυλή
školsko dvorište
δάσκαλος
učitelj
χαρτί
papir
γράφω
pisati
στυλό
kemijska olovka
γραφείο
pisaći stol
χάρακας
ravnalo
βιβλίο
knjiga
μαθητής
učenik

σχολική τσάντα
....
torba

κασετίνα/ μολυβοθήκη
....
pernica

μολύβι
....
grafitna olovka

ξύστρα
....
šiljilo za olovke

γόμα
....
gumica za brisanje

μπλοκ ζωγραφικής
....
blok za crtanje

ζωγραφική

crtež

πινέλο

kist

κουτί χρωμάτων

kutija s bojama

ψαλίδι

makaze

κόλλα

ljepilo

τετράδιο ασκήσεων

bilježnica

εργασία για το σπίτι

domaći zadatak

12

αριθμός

broj

2+2

προσθέτω

sabirati

5-2

αφαιρώ

oduzimati

2×2

πολλαπλασιάζω

množiti

υπολογίζω

računati

A

γράμμα

slovo

ABCDEFG HIJKLMN OPQRSTU VWXYZ

αλφάβητο

abeceda

λέξη

riječ

κείμενο
tekst

διαβάζω
čitati

κιμωλία
kreda

μάθημα
sat

εγγράφομαι
dnevnik

τεστ
ispit

πιστοποιητικό
svjedodžba

μαθητική στολή
školska uniforma

εκπαίδευση
obrazovanje

εγκυκλοπαίδεια
leksikon

πανεπιστήμιο
sveučilište

μικροσκόπιο
mikroskop

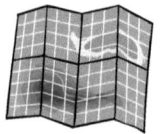

χάρτης
karta

καλάθι αχρήστων
košara za papir

ταξίδι
putovanje

ξενοδοχείο
hotel
Grand
ξενώνας
prenoćište
ROOMS
ανταλλακτήρια συναλλάγματος
mjenjačnica
βαλίτσα
kofer
αυτοκίνητο
auto

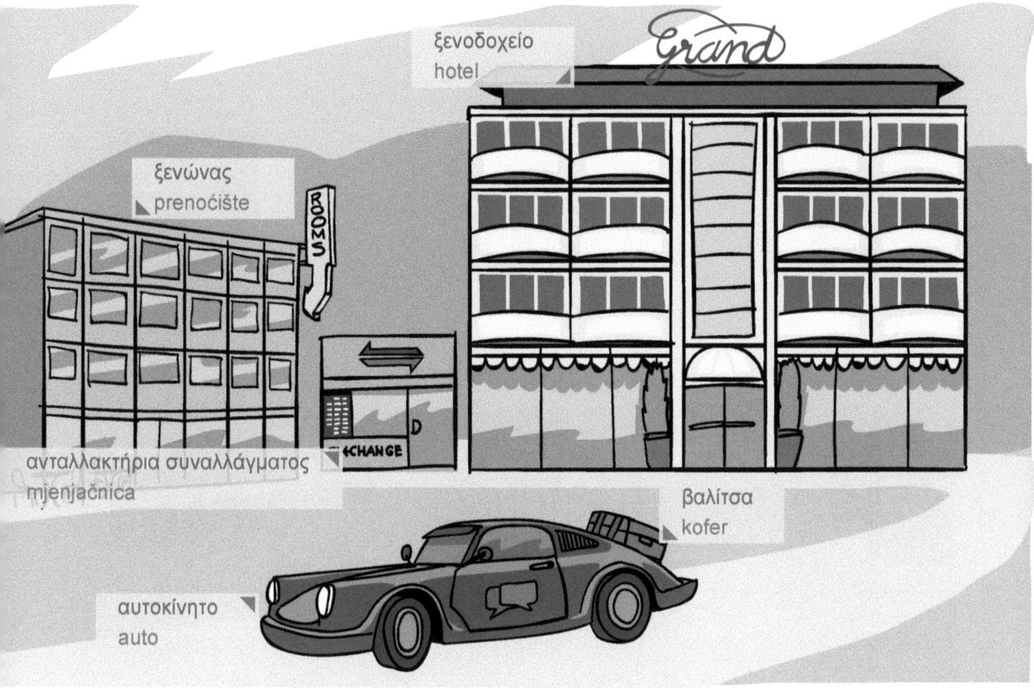

γλώσσα

jezik

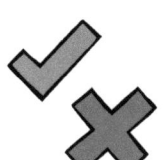

ναι / όχι

da / ne

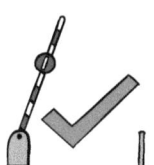

εντάξει

okay

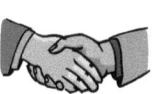

γεια σου

zdravo

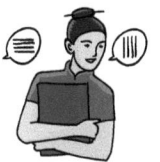

μεταφραστής

prevoditelj

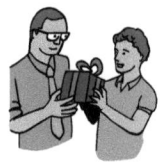

Ευχαριστώ

hvala

πόσο κάνει ;

Koliko košta...?

Δε καταλαβαίνω

ne razumijem

πρόβλημα

problem

Καλησπέρα!

dobro veče!

Καλημέρα!

Dobro jutro!

Καληνύχτα!

Laku noć!

Αντίο

doviđenja

κατεύθυνση

smjer

αποσκευές

prtljaga

τσάντα

torba

σακίδιο πλάτης

ruksak

καλεσμένος

gost

δωμάτιο

soba

υπνόσακος

vreća za spavanje

σκηνή

šator

τουριστικές πληροφορίες

turističke informacije

παραλία

plaža

πιστωτική κάρτα

kreditna kartica

πρωινό

doručak

μεσημεριανό

ručak

δείπνο

večera

εισιτήριο

karta za vožnju

ανελκυστήρας

dizalo

γραμματόσημο

poštanska markica

σύνορα

granica

τελωνείο

carina

πρεσβεία

ambasada

βίζα

viza

διαβατήριο

putovnica

ταξίδι - putovanje

μεταφορά

transport

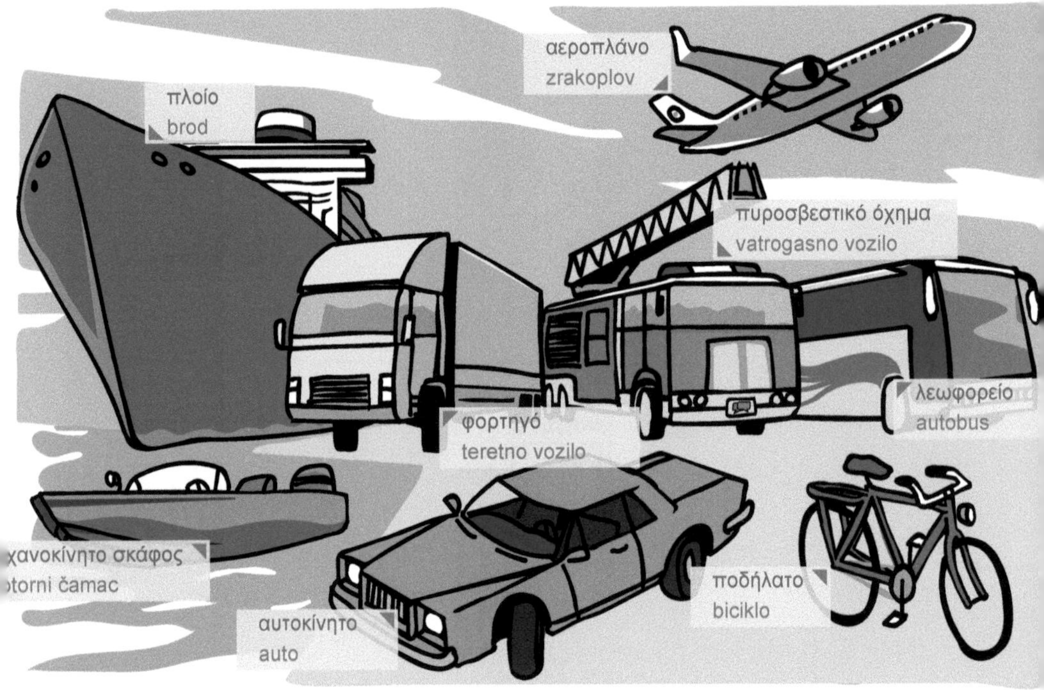

αεροπλάνο
zrakoplov
πλοίο
brod
πυροσβεστικό όχημα
vatrogasno vozilo
λεωφορείο
autobus
φορτηγό
teretno vozilo
χανοκίνητο σκάφος
torni čamac
ποδήλατο
biciklo
αυτοκίνητο
auto

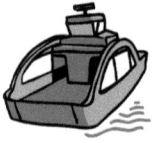

φεριμπότ
trajekt

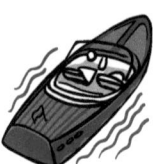

βάρκα
čamac

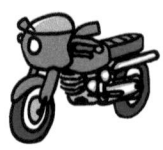

μοτοσικλέτα
motocikl

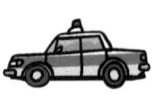

περιπολικό
policijski auto

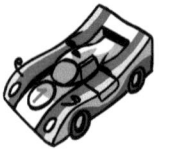

αγωνιστικό αυτοκίνητο
trkaći auto

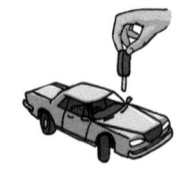

ενοικιαζόμενο αυτοκίνητο
iznajmljeno auto

διαμοιρασμός αυτοκινήτων

dijeljenje automobila

γερανός

vučno vozilo

απορριμματοφόρο

vozilo za odvoz smeća

κινητήρας

motor

καύσιμο

benzin

βενζινάδικο

benzinska postaja

πινακίδα σήμανσης

prometni znak

κυκλοφορία

promet

κυκλοφοριακή συμφόρηση

zastoj

χώρος στάθμευσης

parkiralište

σιδηροδρομικός σταθμός

kolodvor

σιδηροδρομικές γραμμές

šine

τρένο

vlak

τραμ

tramvaj

βαγόνι

vagon

ελικόπτερο

helikopter

αεροδρόμιο

zrakoplovna luka

πύργος

toranj

επιβάτης

putnik

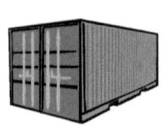

εμπορευματοκιβώτιο

kontejner

χαρτοκιβώτιο

karton

καρότσι

kolica

καλάθι

košara

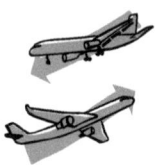

απογειώνομαι /
προσγειόνομαι

uzletjeti / sletjeti

πόλη
grad

χωριό

selo

κέντρο της πόλης

centar grada

σπίτι

kuća

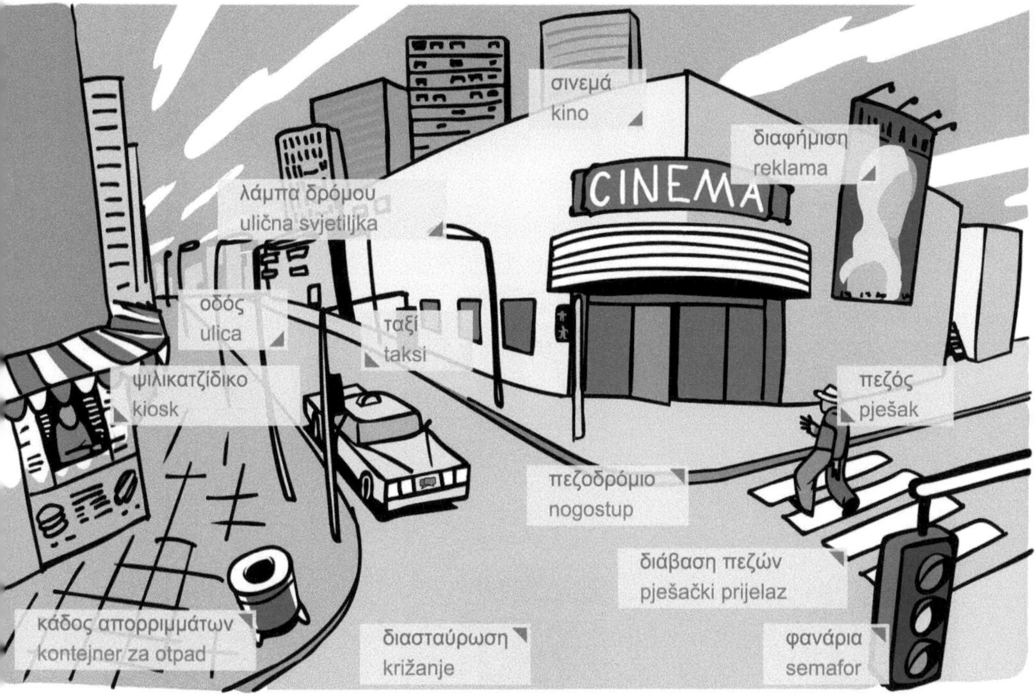

σινεμά
kino
διαφήμιση
reklama
CINEMA
λάμπα δρόμου
ulična svjetiljka
οδός
ulica
ταξί
taksi
ψιλικατζίδικο
kiosk
πεζός
pješak
πεζοδρόμιο
nogostup
διάβαση πεζών
pješački prijelaz
κάδος απορριμμάτων
kontejner za otpad
διασταύρωση
križanje
φανάρια
semafor

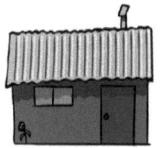

καλύβα

koliba

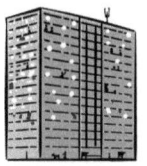

διαμέρισμα

stan

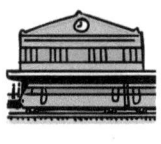

σιδηροδρομικός σταθμός

kolodvor

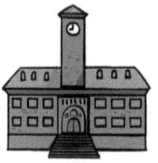

δημαρχείο

vijećnica

MUSEUM

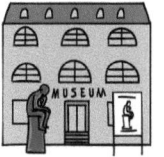

μουσείο

muzej

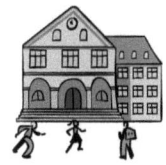

σχολείο

škola

πανεπιστήμιο

sveučilište

τράπεζα

banka

νοσοκομείο

bolnica

ξενοδοχείο

hotel

φαρμακείο

ljekarna

γραφείο

ured

βιβλιοπωλείο

knjižara

κατάστημα

prodavaonica

ανθοπωλείο

cvjećara

σούπερ μάρκετ

supermarket

αγορά

trg

πολυκατάστημα

robna kuća

ιχθυοπωλείο

ribarnica

εμπορικό κέντρο

trgovački centar

λιμάνι

luka

πάρκο

park

παγκάκι

klupa

γέφυρα

most

σκάλες

stepenice

μετρό

podzemna željeznica

τούνελ

tunel

στάση λεωφορείου

autobusna stanica

μπαρ

bar

εστιατόριο

restoran

γραμματοκιβώτιο

poštansko sanduče

πινακίδα δρόμου

ulični znak

παρκόμετρο

parkirni sat

ζωολογικός κήπος

zoološki vrt

πισίνα

bazen

τζαμί

džamija

αγρόκτημα

seosko gazdinstvo

ρύπανση

zagađenje okoliša

νεκροταφείο

groblje

εκκλησία

crkva

παιδική χαρά

igralište

ναός

hram

τοπίο
krajolik

φύλλο
list

πινακίδα κατεύθυνσης
putokaz

δρόμος
put

λιβάδι
livada

πέτρα
kamen

δέντρο
drvo

πεζοπόρος
šetač

ποτάμι
rijeka

χορτάρι
trava

λουλούδι
cvijet

κοιλάδα
dolina

λόφος
planina

λίμνη
jezero

δάσος
šuma

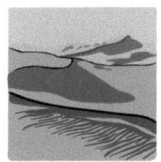

έρημος
pustinja

ηφαίστειο
vulkan

κάστρο
dvorac

ουράνιο τόξο
duga

μανιτάρι
gljiva

φοίνικας
palma

κουνούπι
moskito

μύγα
muha

μυρμήγκι
mrav

μέλισσα
pčela

αράχνη
pauk

σκαθάρι

buba

βάτραχος

žaba

σκίουρος

vjeverica

σκαντζόχοιρος

jež

λαγός

zec

κουκουβάγια

sova

πουλί

ptica

κύκνος

labud

αγριογούρουνο

divlja svinja

ελάφι

jelen

άλκη

los

φράγμα

nasip

ανεμογεννήτρια

vjetrenjača

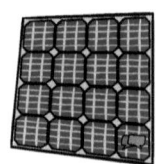

ηλιακός συλλέκτης

solarna ploča

κλίμα

klima

εστιατόριο

restoran

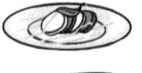

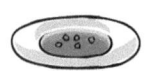

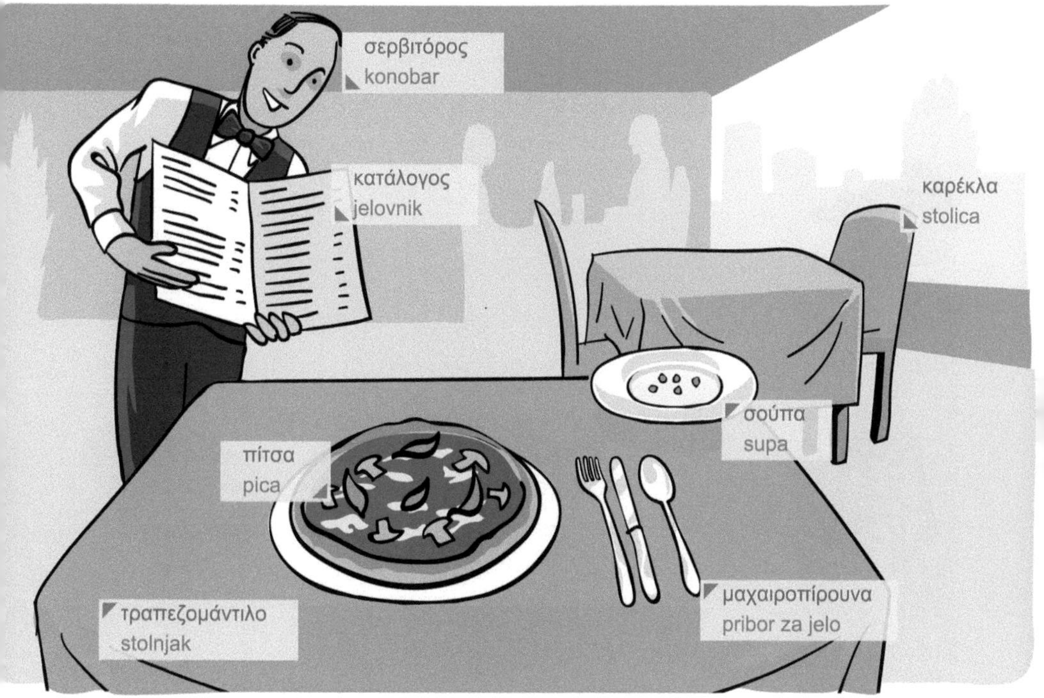

σερβιτόρος
konobar
κατάλογος
jelovnik
καρέκλα
stolica
σούπα
supa
πίτσα
pica
μαχαιροπίρουνα
pribor za jelo
τραπεζομάντιλο
stolnjak

ορεκτικό
predjelo

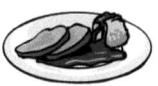

κύριο πιάτο
glavno jelo

επιδόρπιο
desert

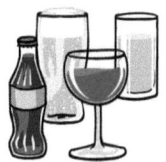

ποτά
napitci

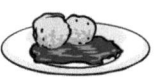

φαγητό
jelo

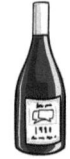

μπουκάλι
boca

φαστ φουντ

fastfood

φαγητό στ' όρθιο

imbis hrana

τσαγιέρα

čajnik

δοχείο ζάχαρης

doza za šećer

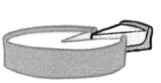

μερίδα

porcija

μηχανή εσπρέσο

aparat za espresso

ψηλή καρέκλα

visoka stolica

λογαριασμός

račun

δίσκος

pladanj

μαχαίρι

nož

πιρούνι

vilica

κουτάλι

žlica

κουταλάκι του τσαγιού

čajna žlica

πετσέτα φαγητού

ubrus

ποτήρι

čaša

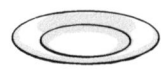

πιάτο

tanjur

πιάτο σούπας

tanjur za supu

πιατάκι φλιτζανιού

tanjurić

σάλτσα

sos

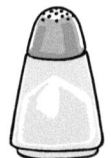

αλατιέρα

soljenka

μύλος για πιπέρι

mlin za biber

ξύδι

ocat

λάδι

ulje

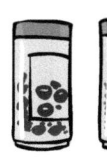

μπαχαρικά

začini

κέτσαπ

kečap

μουστάρδα

senf

μαγιονέζα

majoneza

προσφορά
ponuda

FOR

πελάτης
kupac

γαλακτοκομικά προϊοντα
mliječni proizvodi

φρούτα
voće

καρότσι για ψώνια
kolica za kupnju

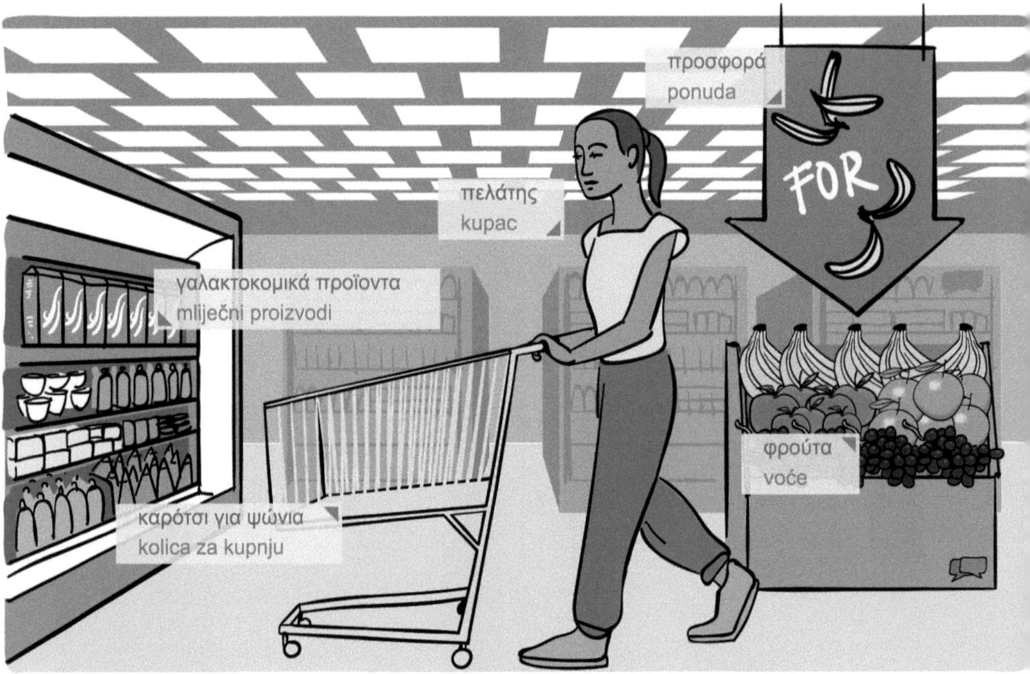

κρεοπωλείο
mesnica

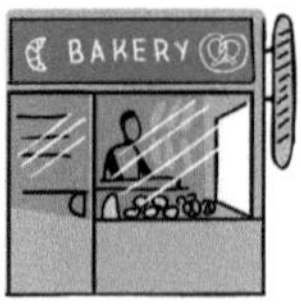

φούρνος
pekarnica

ζυγίζω
vagati

λαχανικά
povrće

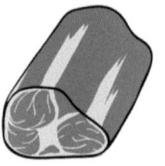

κρέας
meso

κατεψυγμένα τρόφιμα
duboko smrznuta hrana

αλλαντικά
narezak

κονσερβοποιημένη τροφή
konzerve

απορρυπαντικό ρούχων
sredstvo za pranje

γλυκά
slatkiši

οικιακά είδη
artikli za domaćinstvo

καθαριστικά προϊόντα
sredstva za čišćenje

πωλήτρια
prodavačica

ταμείο
blagajna

ταμίας
blagajnik

λίστα για ψώνια
lista za kupnju

ωράριο λειτουργίας
vrijeme rada

πορτοφόλι
novčanik

πιστωτική κάρτα
kreditna kartica

τσάντα
torba

πλαστική σακούλα
plastična vrećica

νερό

voda

χυμός

sok

γάλα

mlijeko

κόκα κόλα

cola

κρασί

vino

μπίρα

pivo

αλκοόλ

alkohol

κακάο

kakao

τσάι

čaj

καφές

kava

εσπρέσο

espresso

καπουτσίνο

cappuccino

μπανάνα

banana

μήλο

jabuka

πορτοκάλι

naranča

πεπόνι

lubenica

λεμόνι

limun

καρότο

mrkva

σκόρδο

češnjak

μπαμπού

bambus

κρεμμύδι

luk

μανιτάρι

gljiva

ξηροί καρποί

orašasti plodovi

νουντλς

rezanci

μακαρόνια

špagete

ρύζι

riža

σαλάτα

salata

πατατάκια

pomfrit

τηγανητές πατάτες

pečeni krumpir

πίτσα

pica

χάμπουργκερ

hamburger

σάντουιτς

sendvič

κοτολέτα

šnicla

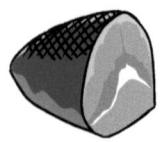

ζαμπόν

pršut

σαλάμι

salama

λουκάνικο

kobasica

κοτόπουλο

kokoš

ψητό

pečenje

ψάρι

riba

χυλός βρώμης

zobene pahuljice

μούσλι

musli

κορν φλέικς

kukuruzne pahuljice

αλεύρι

brašno

κρουασάν

roščić

ψωμάκι

pecivo

ψωμί

kruh

τοστ

toast

μπισκότα

keksi

βούτυρο

maslac

τυρόπηγμα

svježi sir

κέικ

kolač

αυγό

jaje

τηγανητό αυγό

jaje na oko

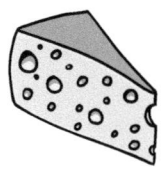

τυρί

sir

παγωτό

sladoled

ζάχαρη

šećer

μέλι

med

μαρμελάδα

marmelada

άλλειμμα σοκολάτας

nugat krema

κάρυ

curry

αγρόκτημα
seosko gazdinstvo

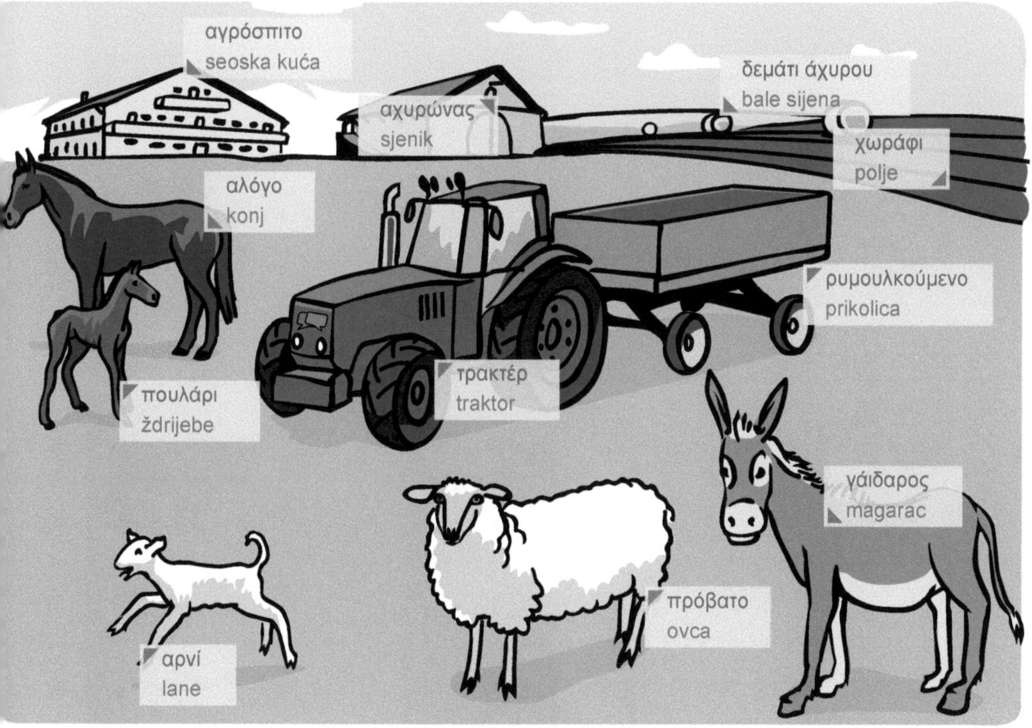
αγρόσπιτο
seoska kuća
αχυρώνας
sjenik
δεμάτι άχυρου
bale sijena
χωράφι
polje
αλόγο
konj
ρυμουλκούμενο
prikolica
πουλάρι
ždrijebe
τρακτέρ
traktor
γάιδαρος
magarac
πρόβατο
ovca
αρνί
lane

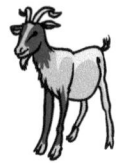

κατσίκα

koza

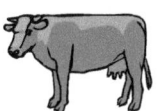

αγελάδα

krava

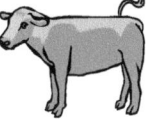

μοσχαράκι

tele

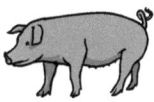

γουρούνι

svinja

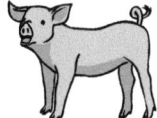

γουρουνάκι

prase

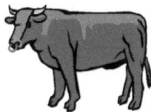

ταύρος

bik

χήνα

guska

πάπια

patka

κοτοπουλάκι

pilići

κότα

kokoš

κόκορας

pijetao

αρουραίος

pacov

γάτα

mačka

ποντίκι

miš

βόδι

vol

σκύλος

pas

σπιτάκι σκύλου

kućica za psa

λάστιχο κήπου

vrtno crijevo

ποτιστήρι

kanta za polijevanje

θεριστήρι

kosa

αλέτρι

plug

δρεπάνι

srp

τσάπα

motika

δίκρανο

vilica za gnojivo

τσεκούρι

sjekira

χειράμαξα

tačke

ταΐστρα

korito

δοχείο γάλακτος

posuda za mlijeko

σάκος

vreća

φράχτης

ograda

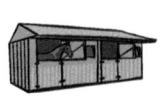

στάβλος

štala

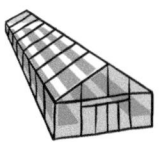

θερμοκήπιο

staklenik

έδαφος

zemlja

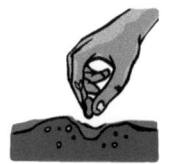

σπόρος

sjeme

λίπασμα

gnojivo

θεριζοαλωνιστική μηχανή

kombajn

θερίζω
žanjati

συγκομιδή
žetva

γιαμς
yams začin

σιτάρι
pšenica

σόγια
soja

πατάτα
krumpir

καλαμπόκι
kukuruz

κράμβη
uljana repica

οπωροφόρο δέντρο
voćka

μανιόκα
gomolj manioke

δημητριακά
žitarice

σπίτι
kuća

καμινάδα
dimnjak
στέγη
krov
υδρορροή
žlijeb
παράθυρο
prozor
κουδούνι
zvono
γκαράζ
garaža
πόρτα
vrata
σκουπιδοτενεκές
korpa za otpad
γραμματοκιβώτιο
poštansko sanduče
κήπος
vrt

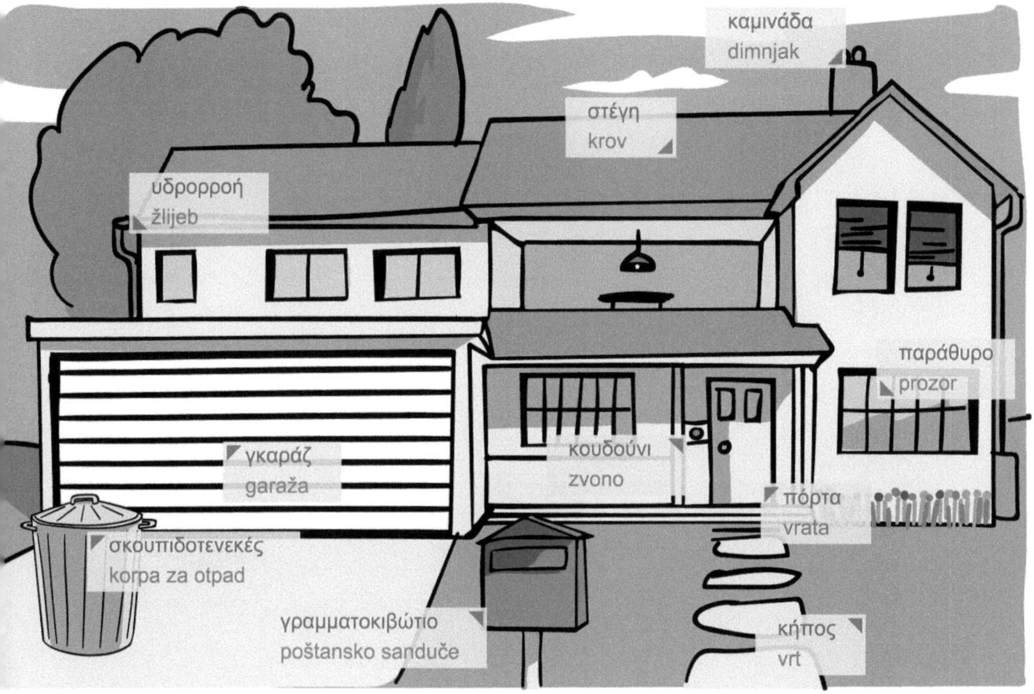

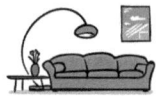

σαλόνι

dnevna soba

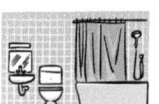

μπάνιο

kupaonica

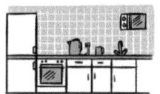

κουζίνα

kuhinja

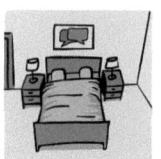

υπνοδωμάτιο

spavaća soba

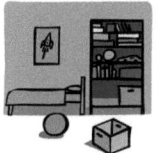

παιδικό δωμάτιο

dječija soba

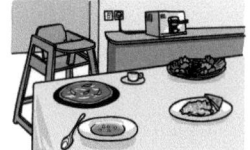

τραπεζαρία

trpezarija

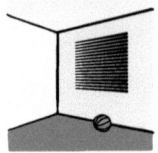

πάτωμα

pod

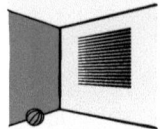

τοίχος

zid

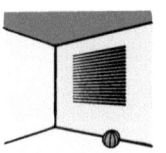

οροφή

strop

κελάρι

podrum

σάουνα

sauna

μπαλκόνι

balkon

βεράντα

terasa

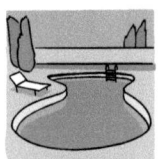

πισίνα

bazen

μηχανή του γκαζόν

kosilica za travu

σεντόνι

posteljina za krevet

κάλυμμα κρεβατιού

deka za krevet

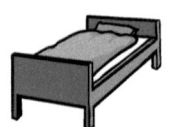

κρεβάτι

krevet

σκούπα

metla

κουβάς

kanta

διακόπτης

sklopka

σαλόνι

dnevna soba

ταπετσαρία
tapeta
φωτογραφία
slika
λάμπα
svjetiljka
ράφι
regal
ντουλάπι
ormar
τηλεόραση
televizija
τζάκι
kamin
λουλούδι
cvijet
μαξιλάρι
jastuk
καναπές
kauč
βάζο
vaza
τηλεκοντρόλ
daljinski upravljač

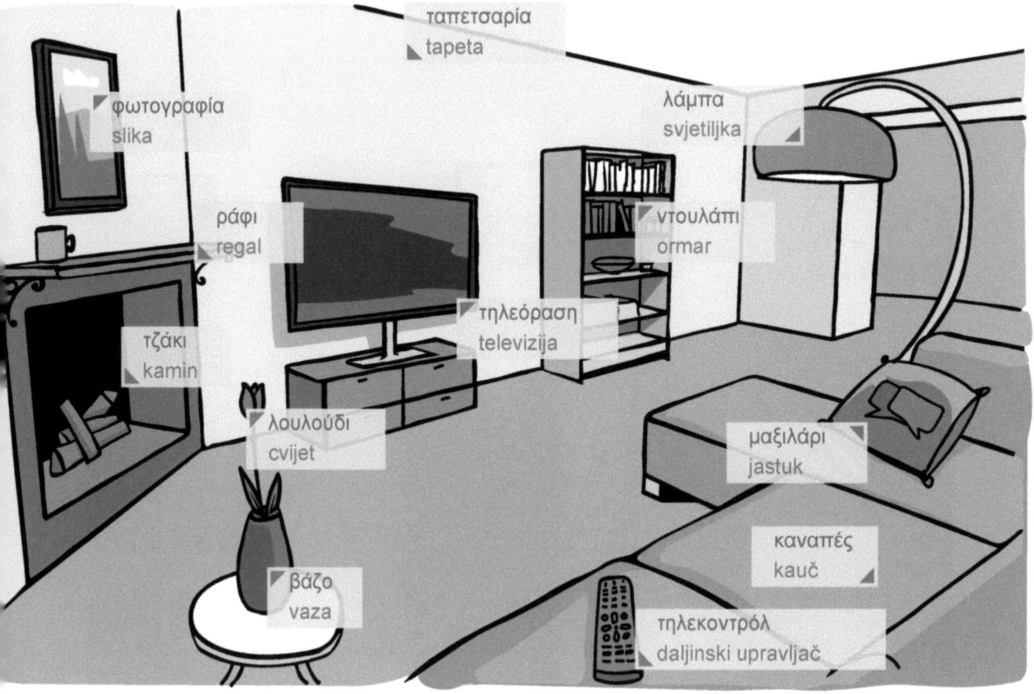

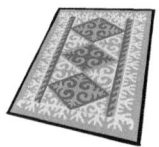

χαλί

tepih

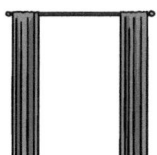

κουρτίνα

zavjesa

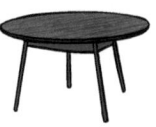

τραπέζι

stol

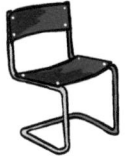

καρέκλα

stolica

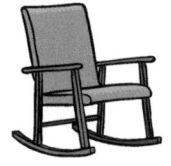

κουνιστή πολυθρόνα

stolica za njihanje

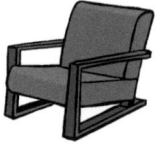

πολυθρόνα

fotelja

βιβλίο

knjiga

κουβέρτα

deka

διακόσμηση

dekoracija

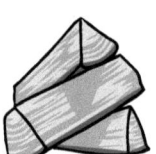

καυσόξυλα

drvo za ogrjev

ταινία

film

στερεοφωνικό σύστημα

stereo uređaj

κλειδί

ključ

εφημερίδα

novine

πίνακας ζωγραφικής

slika na platnu

αφίσα

poster

ραδιόφωνο

radio

σημειωματάριο

blok za pisanje

ηλεκτρική σκούπα

usisavač

κάκτος

kaktus

κερί

svijeća

κουζίνα
kuhinja

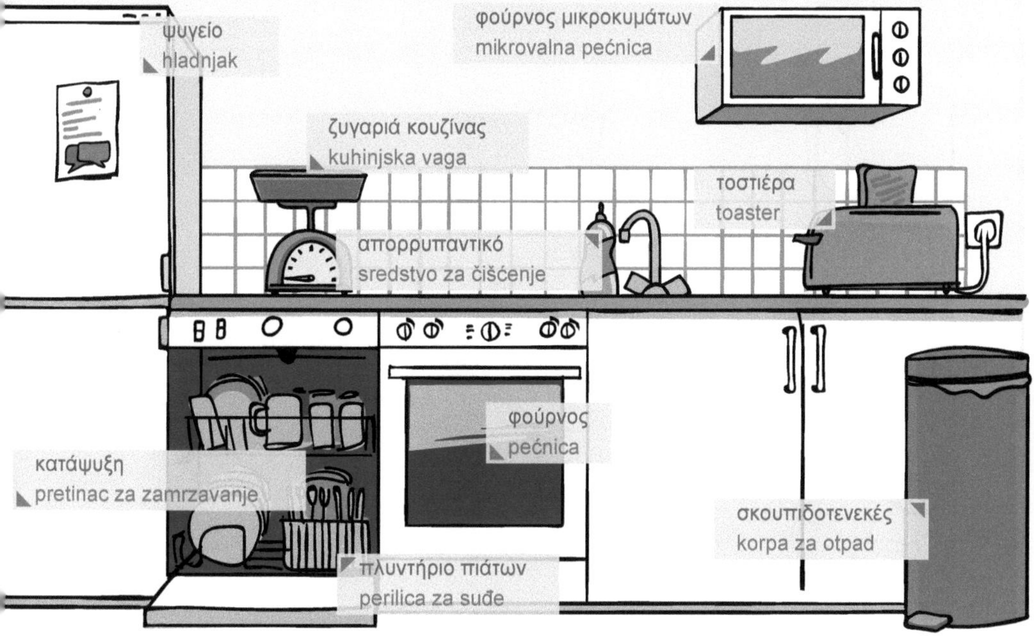

ψυγείο
hladnjak
φούρνος μικροκυμάτων
mikrovalna pećnica
ζυγαριά κουζίνας
kuhinjska vaga
τοστιέρα
toaster
απορρυπαντικό
sredstvo za čišćenje
φούρνος
pećnica
κατάψυξη
pretinac za zamrzavanje
σκουπιδοτενεκές
korpa za otpad
πλυντήριο πιάτων
perilica za suđe

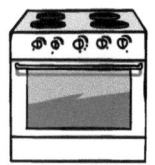

κουζίνα
štednjak

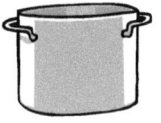

κατσαρόλα
lonac

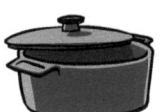

μαντεμένια κατσαρόλα
željezni lonac

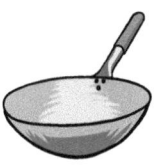

γουόκ/καντάι
wok / kadai

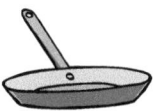

τηγάνι
tava

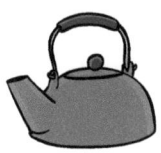

βραστήρας
kuhalo za vodu

ατμομάγειρας

kuhalo na paru

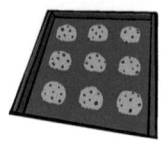

ταψί

lim za pečenje

πιατικά

posuđe

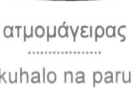

κούπα

čaša

μπολ

zdjela

ξυλάκια

štapići za jelo

κουτάλα

kutljača

σπάτουλα

lopatica

ανακατεύω

pjenjača

σουρωτήρι

sito za kuhanje

σουρωτηράκι

sito

τρίφτης

ribež

γουδί

mužar

ψησταριά

roštilj

ανοιχτή φωτιά

ognjište

σανίδα κοπής
daska

πλάστης
oklagija

ανοιχτήρι φελλών
vadičep

κονσέρβα
konzerva

ανοιχτήρι κονσέρβας
otvarač konzervi

γάντι φούρνου
krpa za lonac

νεροχύτης
sudoper

βούρτσα
četka

σφουγγάρι
spužva

μπλέντερ
mikser

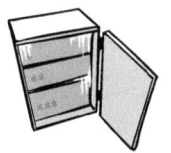

καταψύκτης
zamrzivač

μπιμπερό
bočica za bebe

βρύση
slavina za vodu

μπάνιο
kupaonica

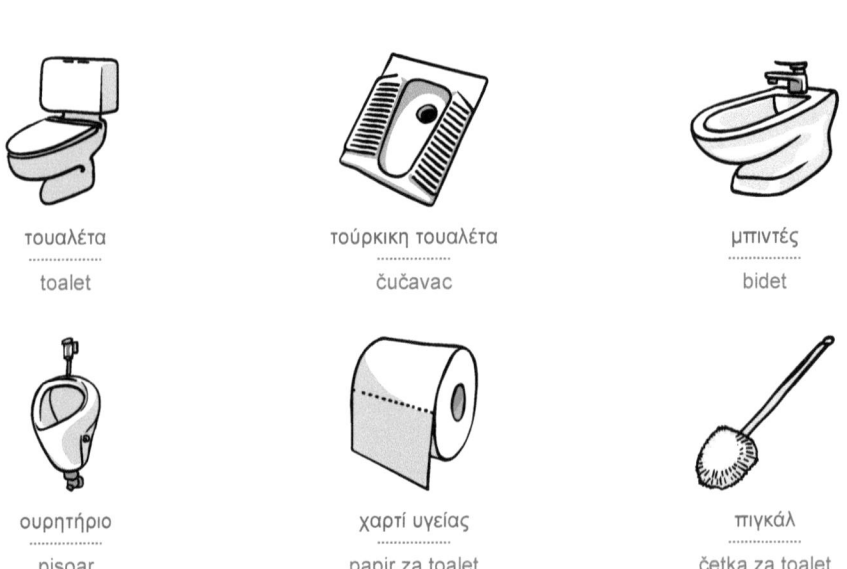

θέρμανση
grijanje
πετσέτα
ručnik
ντους
tuš
κουρτίνα ντουζ
zavjesa za tuš
αφρόλουτρο
pjenušava kupka
μπανιέρα
kada
ποτήρι
čaša
πλυντήριο ρούχων
perilica za rublje
βρύση
slavina za vodu
πλακάκια
pločice
γιογιό
dječja kahlica
νεροχύτης
sudoper

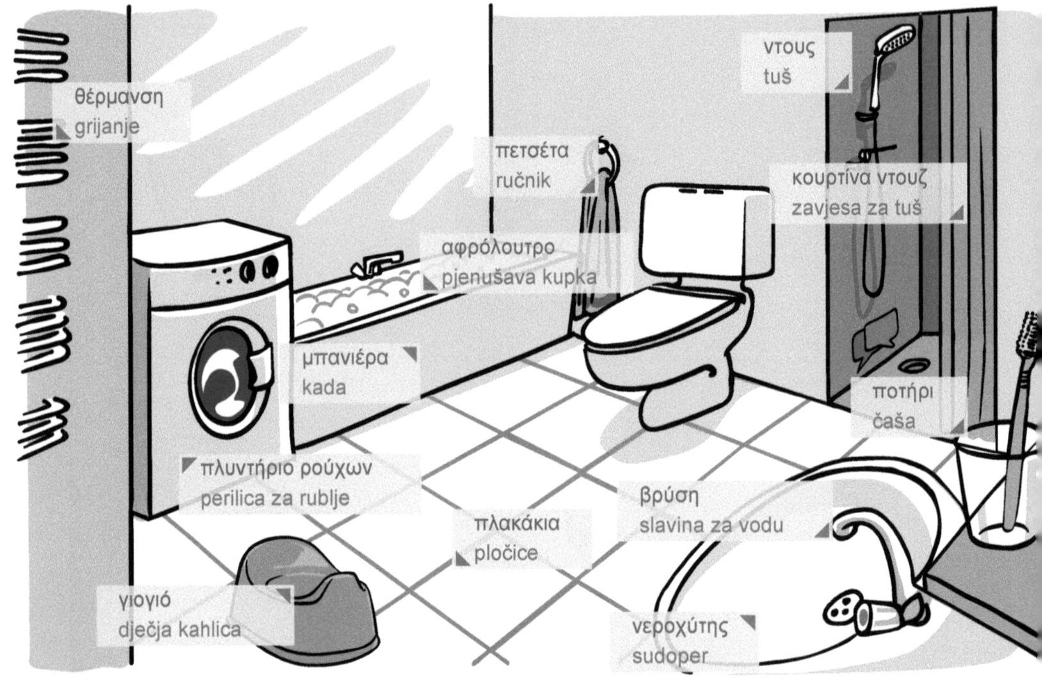

τουαλέτα
toalet

τούρκικη τουαλέτα
čučavac

μπιντές
bidet

ουρητήριο
pisoar

χαρτί υγείας
papir za toalet

πιγκάλ
četka za toalet

οδοντόβουρτσα

četkica za zube

οδοντόκρεμα

pasta za zube

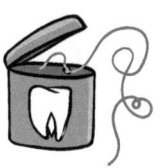

οδοντικό νήμα

konac za zube

πλένω

prati

τηλέφωνο ντους

tuš ručica

ντουσιέρα

tuš za pranje intimnih dijelova

λεκάνη

lavor

βούρτσα πλάτης

četka za pranje leđa

σαπούνι

sapun

αφρόλουτρο

gel za tuširanje

σαμπουάν

šampon

φανέλα

krpa za pranje

σιφόνι

odvod

κρέμα

krema

αποσμητικό

dezodorans

καθρέφτης

ogledalo

καθρέφτης χειρός

kozmetičko ogledalo

ξυραφάκι

brijač

αφρός ξυρίσματος

pjena za brijanje

αφτερσέιβ

losion za poslije brijanja

χτένα

češalj

βούρτσα

četka

σεσουάρ

sušilo za kosu

λακ

sprej za kosu

μακιγιάζ

makeup

κραγιόν

ruž za usne

βερνίκι νυχιών

lak za nokte

βαμβάκι

vata

ψαλίδι νυχιών

škare za nokte

άρωμα

parfem

νεσεσέρ
neseser

σκαμπό
stolica

ζυγαριά
vaga

μπουρνούζι
ogrtač

ελαστικά γάντια
rukavice za čišćenje

ταμπόν
tampon

πετσέτα υγιεινής
uložak

χημική τουαλέτα
kemijski toalet

παιδικό δωμάτιο
dječija soba

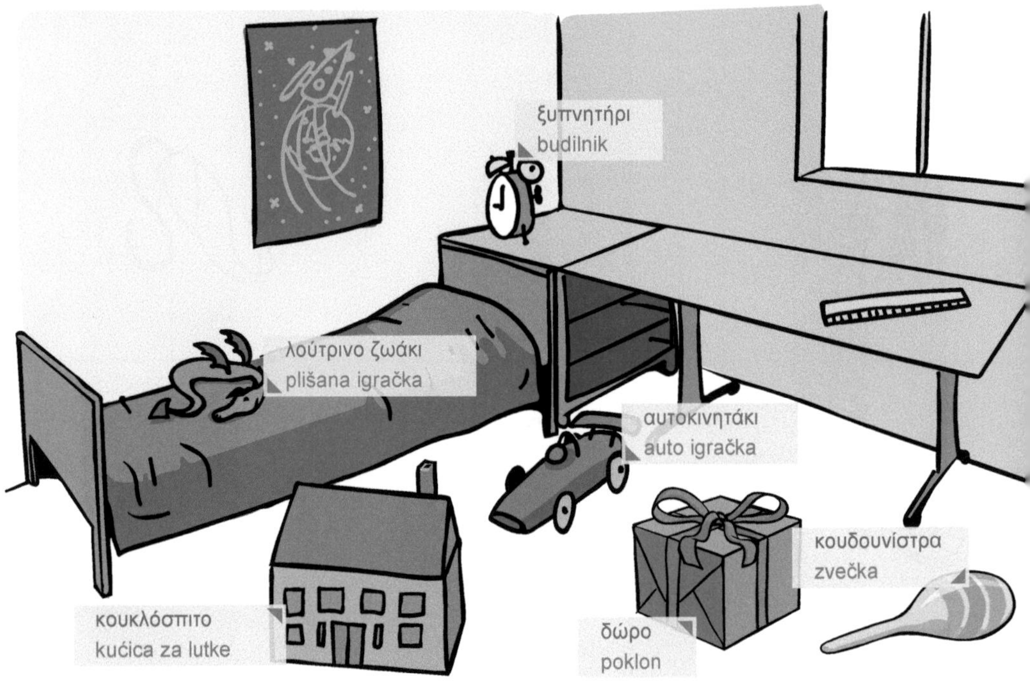
ξυπνητήρι
budilnik
λούτρινο ζωάκι
plišana igračka
αυτοκινητάκι
auto igračka
κουδουνίστρα
zvečka
κουκλόσπιτο
kućica za lutke
δώρο
poklon

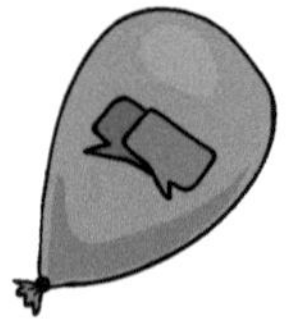

μπαλόνι
balon

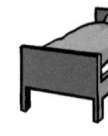

κρεβάτι
krevet

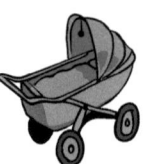

καροτσάκι
dječija kolica

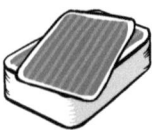

τράπουλα
igra s kartama

παζλ
slagalica

SUPER
MEGA

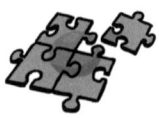

κόμικς
strip

τουβλάκια lego

lego kockice

τουβλάκια κατασκευών

kockice za slaganje

φιγούρα δράσης

akcioni junak

βρεφικό φορμάκι

kombinezon za bebe

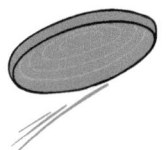

φρίσμπι

frizbi

μόμπιλο

viseće igračke

επιτραπέζιο παιχνίδι

društvene igre

ζάρια

kocka

σετ τρενάκι

minijaturna željeznica

πιπίλα

duda

πάρτι

tulum

εικονογραφημένο βιβλίο

slikovnica

μπάλα

lopta

κούκλα

lutka

παίζω

igrati

σκάμμα με άμμο

pješčanik

κούνια

ljuljačka

παιχνίδια

igračka

κονσόλα βιντεοπαιχνιδιών

konzola za igre

τρίκυκλο

tricikl

αρκουδάκι

plišani medo

ντουλάπα

ormar

ρούχα
odjeća

κάλτσες

kratke čarape

καλτσοδέτες

čarape

καλσόν

hulahopke

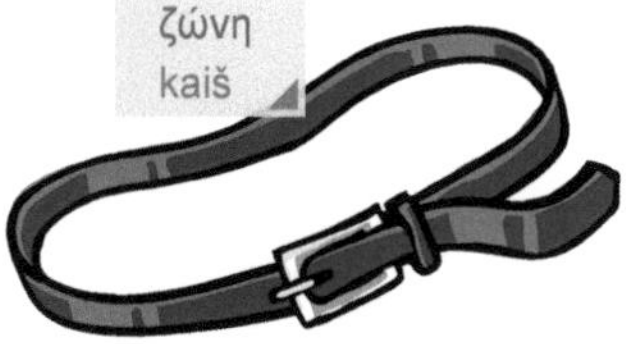

κασκόλ
šal

ομπρέλα
kišobran

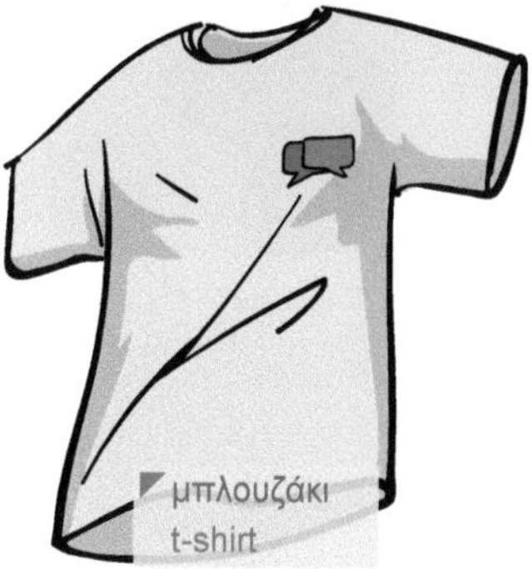

ζώνη
kaiš

μπλουζάκι
t-shirt

μπότες
čizme

παντόφλες
papuče

αθλητικά παπούτσια
patike

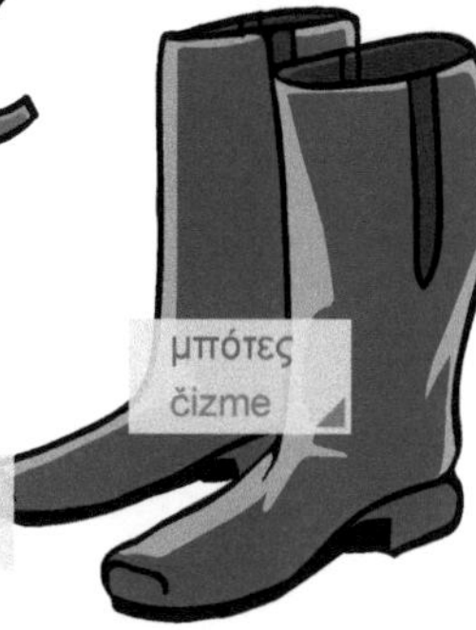

σανδάλια
sandale

παπούτσια
cipele

γαλότσες
gumene čizme

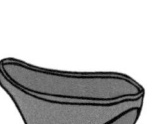

εσώρουχο
gaćice

σουτιέν
grudnjak

φανέλα
potkošulja

σώμα

bodi

παντελόνι

hlače

τζιν παντελόνι

džins

φούστα

haljina

μπλούζα

bluza

πουκάμισο

košulja

πουλόβερ

džemper

πουλόβερ

pulover s kapuljačom

σακάκι

blejzer

μπουφάν

jakna

παλτό

kaput

αδιάβροχο πανωφόρι

kabanica

κοστούμι

kostim

φόρεμα

haljina

νυφικό

vjenčanica

κοστούμι

odijelo

νυχτικό

spavaćica

πιτζάμες

pidžama

σάρι

sari

μαντήλι

rubac

τουρμπάνι

turban

μπούρκα

burka

καφτάνι

kaftan

μουσουλμανικό ένδυμα

abaja

ολόσωμο μαγιό

kupaći kostim

ανδρικό μαγιό

kupaće gaćice

σορτς

kratke hlače

αθλητική φόρμα

odjeća za trening

ποδιά

pregača

γάντια

rukavice

κουμπί

gumb

γυαλιά

naočale

βραχιόλι

narukvica

περιδέραιο

ogrlica

δαχτυλίδι

prsten

σκουλαρίκι

naušnica

καπέλο

kapa

κρεμάστρα

vješalica

καπέλο

šešir

γραβάτα

kravata

φερμουάρ

patent zatvarač

κράνος

kaciga

τιράντες

naramenice

μαθητική στολή

školska uniforma

στολή

uniforma

σαλιάρα

podbradak

πιπίλα

duda

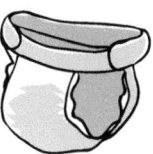

πάνα

pelena

γραφείο
ured

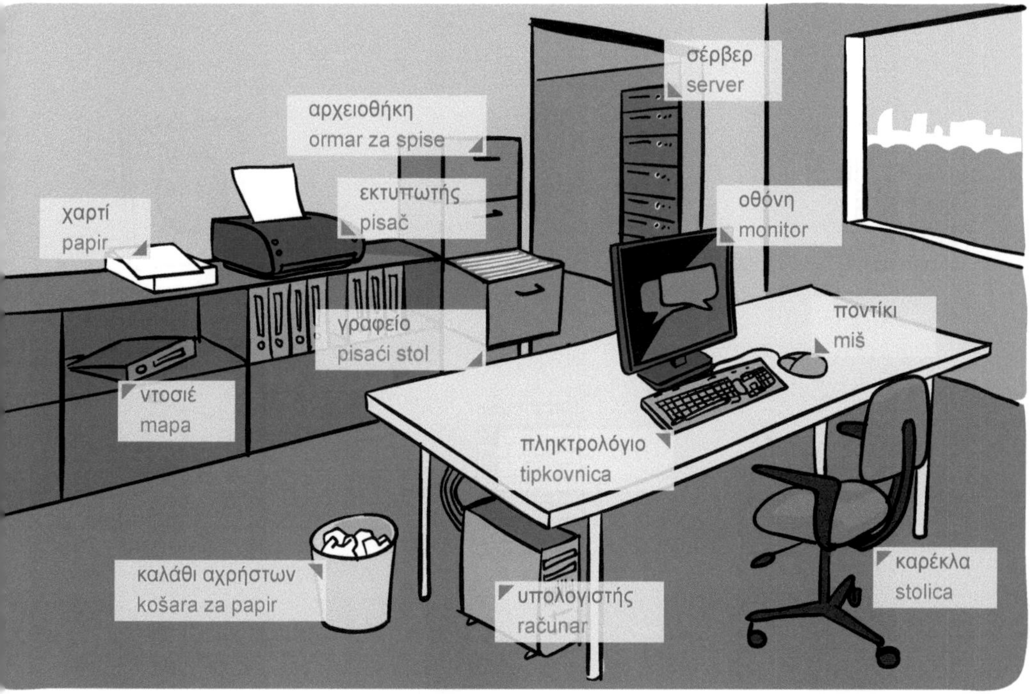

σέρβερ
server

αρχειοθήκη
ormar za spise

εκτυπωτής
pisač

οθόνη
monitor

χαρτί
papir

γραφείο
pisaći stol

ποντίκι
miš

ντοσιέ
mapa

πληκτρολόγιο
tipkovnica

καλάθι αχρήστων
košara za papir

υπολογιστής
računar

καρέκλα
stolica

κούπα του καφέ

šalica za kavu

κομπιουτεράκι

kalkulator

ίντερνετ

internet

λάπτοπ

laptop

γράμμα

pismo

μήνυμα

poruka

κινητό

mobilni telefon

δίκτυο

mreža

φωτοτυπικό μηχάνημα

uređaj za kopiranje

λογισμικό

softver

τηλέφωνο

telefon

πρίζα

utičnica

συσκευή φαξ

faks

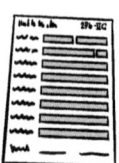

έντυπο

obrazac

έγγραφο

dokument

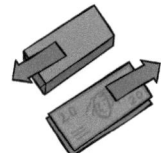

αγοράζω

kupovati

πληρώνω

platiti

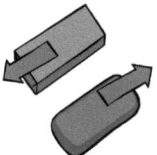

συναλλάσσομαι

trgovati

χρήματα

novac

δολάριο

dolar

ευρώ

euro

γιεν

jen

ρούβλι

rubalj

ελβετικό φράγκο

švicarski franak

ρενμίνμπι γιουάν

renmindbi yuan

ρουπία

rupija

ATM (αυτόματη ταμειακή μηχανή)

automat za novac

ανταλλακτήρια
συναλλάγματος

mjenjačnica

χρυσός

zlato

ασήμι

srebro

πετρέλαιο

nafta

ενέργεια

energija

τιμή

cijena

συμβόλαιο

ugovor

φόρος

porez

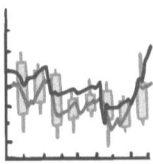

μετοχή

dionica

δουλεύω

raditi

υπάλληλος

službenik

εργοδότης

poslodavac

εργοστάσιο

tvornica

κατάστημα

prodavaonica

επαγγέλματα
zanimanja

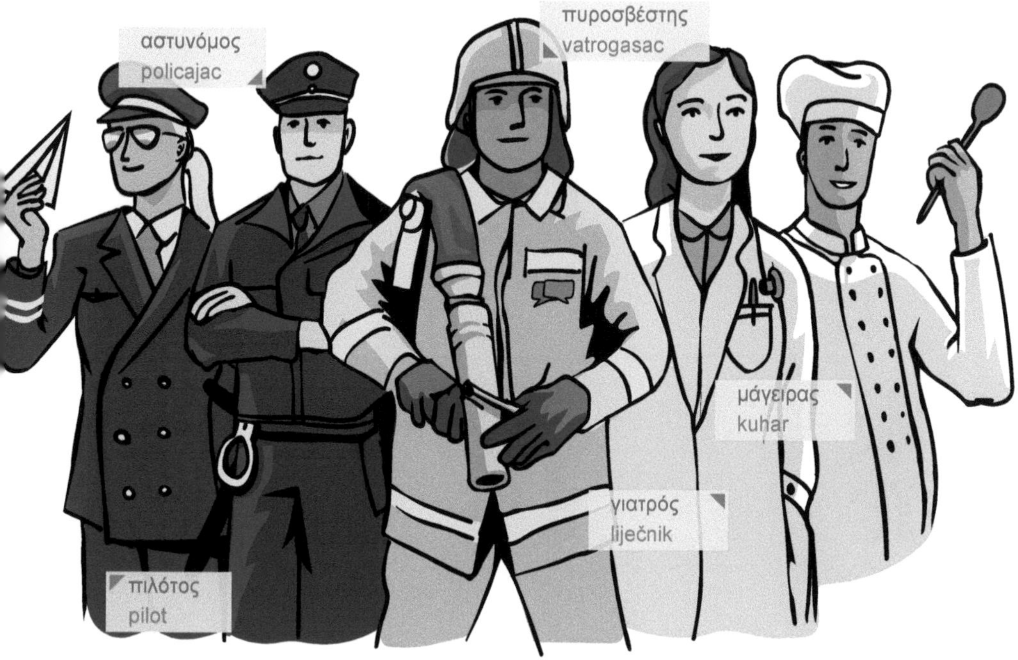

αστυνόμος
policajac
πυροσβέστης
vatrogasac
μάγειρας
kuhar
γιατρός
liječnik
πιλότος
pilot

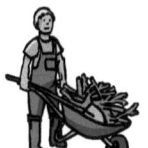

κηπουρός

vrtlar

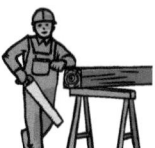

ξυλουργός

stolar

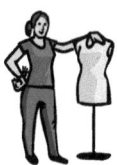

μοδίστρα

krojačica

δικαστής

sudija

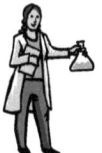

χημικός

kemičar

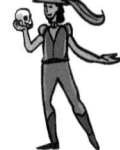

ηθοποιός

glumac

οδηγός λεωφορείου

vozač autobusa

ταξιτζής

vozač taksija

ψαράς

ribar

καθαρίστρια

čistačica

τεχνίτης στεγών

krovopokrivač

σερβιτόρος

konobar

κυνηγός

lovac

ζωγράφος

slikar

αρτοποιός

pekar

ηλεκτρολόγος

električar

οικοδόμος

građevinski radnik

μηχανολόγος

inženjer

κρεοπώλης

mesar

υδραυλικός

limar

ταχυδρόμος

poštar

στρατιώτης
vojnik

αρχιτέκτονας
arhitekta

ταμίας
blagajnik

ανθοπώλης
cvjećar

κομμωτής
frizer

ελεγκτής εισιτηρίων
kondukter

μηχανικός
mehaničar

καπετάνιος
kapetan

οδοντίατρος
zubar

επιστήμονας
znanstvenik

ραβίνος
rabi

ιμάμης
imam

μοναχός
monah

ιερέας
svećenik

εργαλεία
alati

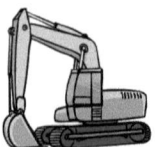

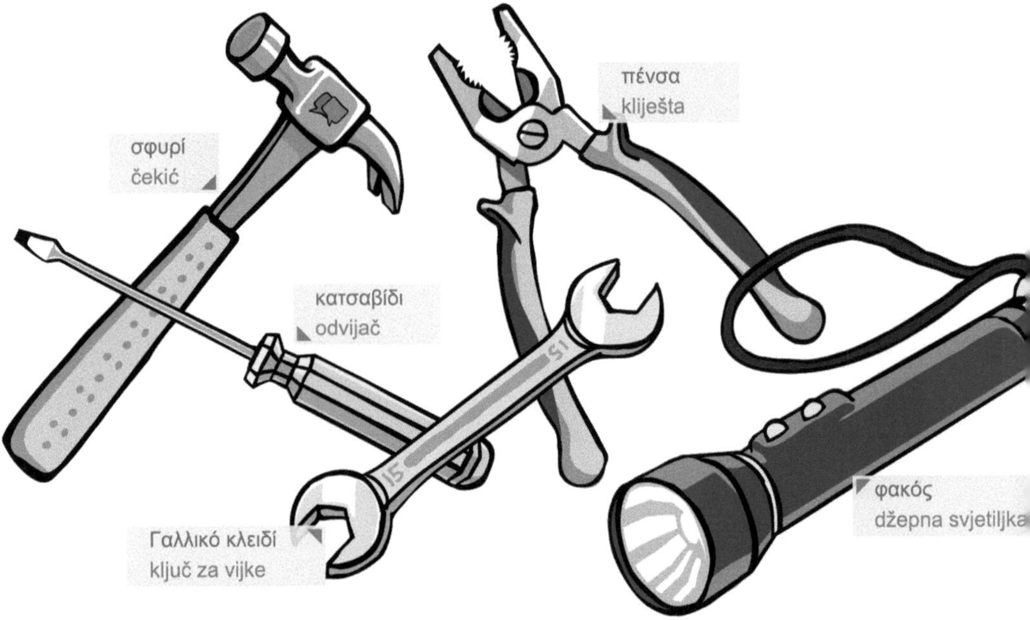

σφυρί
čekić
πένσα
kliješta
κατσαβίδι
odvijač
Γαλλικό κλειδί
ključ za vijke
φακός
džepna svjetiljka

εκσκαφέας

rovokopač

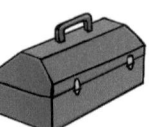

εργαλειοθήκη

kutija za alat

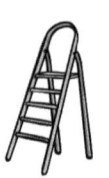

σκάλα

ljestve

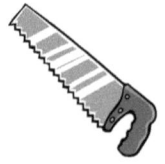

πριόνι

pila

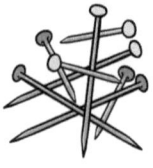

καρφιά

ekser

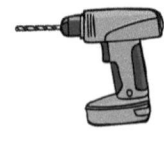

τρυπάνι

bušilica

επισκευάζω

popraviti

φτυάρι

lopata

Να πάρει!

Sranje!

φαράσι

lopatica

δοχείο χρωμάτων

lonac za boju

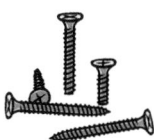

βίδες

vijci

μουσικά όργανα
glazbeni instrument

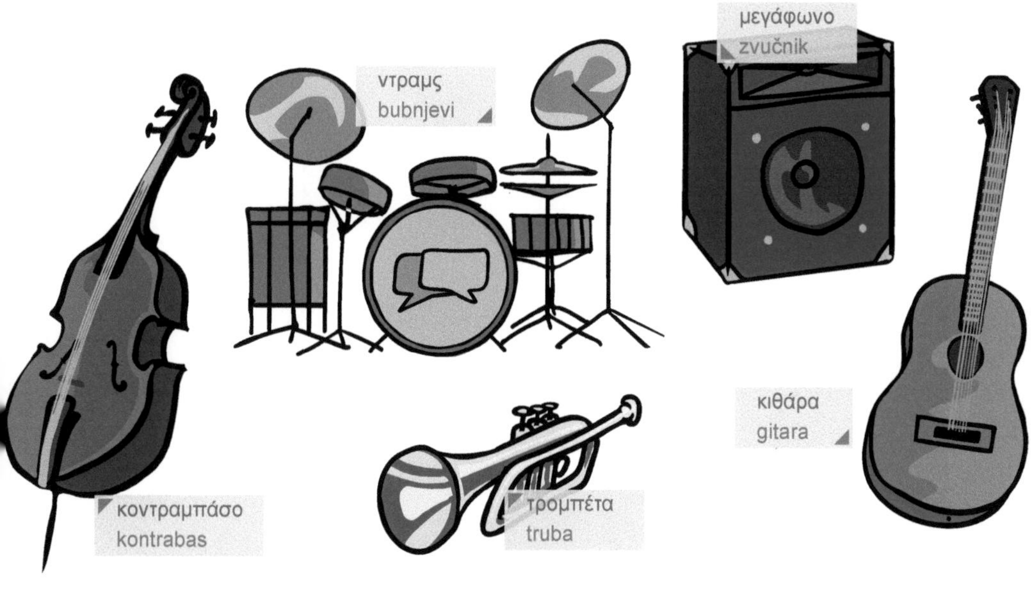

ντραμς
bubnjevi

μεγάφωνο
zvučnik

κιθάρα
gitara

κοντραμπάσο
kontrabas

τρομπέτα
truba

πιάνο

klavir

βιολί

violina

μπάσο

bas

τύμπανα

timpani

τύμπανο

udaraljke za bubnjeve

πλήκτρα

keyboard

σαξόφωνο

saksofon

φλάουτο

flauta

μικρόφωνο

mikrofon

μουσικά όργανα - glazbeni instrument

ζωολογικός κήπος

zoološki vrt

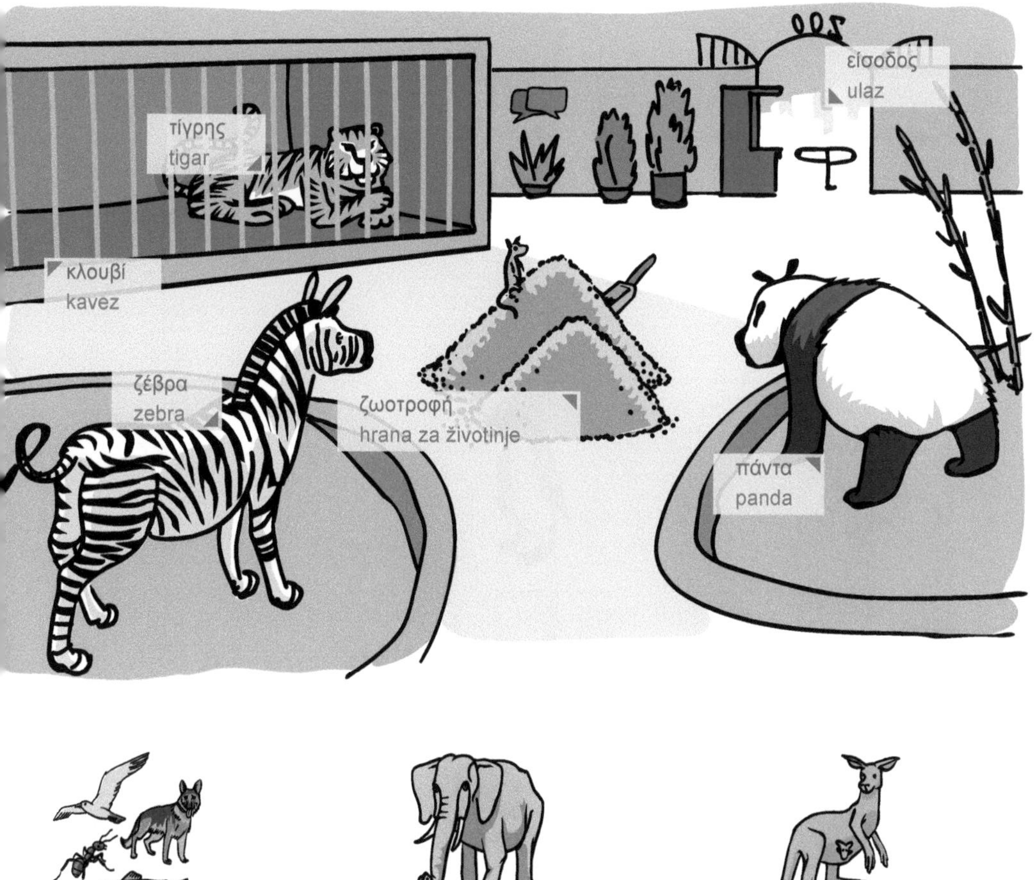

τίγρης
tigar
είσοδος
ulaz
κλουβί
kavez
ζέβρα
zebra
ζωοτροφή
hrana za životinje
πάντα
panda

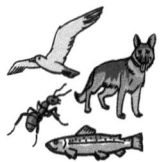

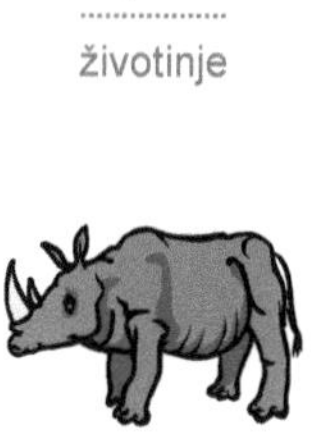

ζώα

životinje

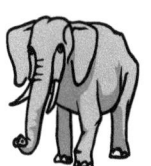

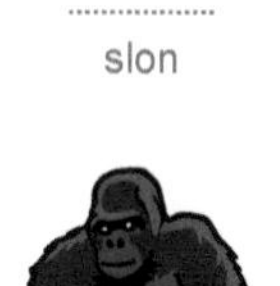

ελέφαντας

slon

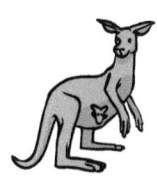

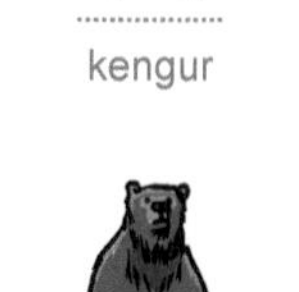

καγκουρό

kengur

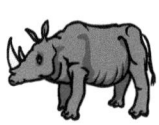

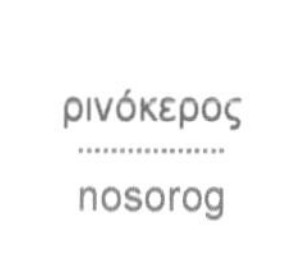

ρινόκερος

nosorog

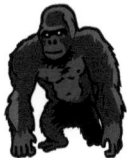

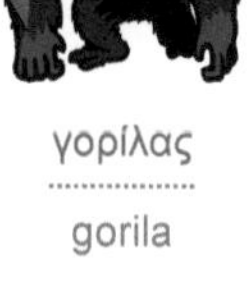

γορίλας

gorila

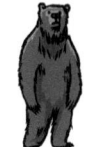

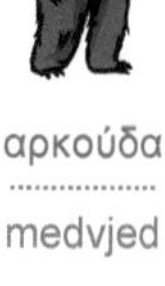

αρκούδα

medvjed

καμήλα

kamila

στρουθοκάμηλος

noj

λιοντάρι

lav

πίθηκος

majmun

φλαμίνγκο

flamingo

παπαγάλος

papagaj

πολική αρκούδα

polarni medvjed

πιγκουίνος

pingvin

καρχαρίας

ajkula

παγώνι

paun

φίδι

zmija

κροκόδειλος

krokodil

φύλακας ζωολογικού κήπου

čuvar u zoološkom vrtu

φώκια

tuljan

τζάγκουαρ

jaguar

πόνυ
poni

λεοπάρδαλη
leopard

ιπποπόταμος
nilski konj

καμηλοπάρδαλη
žirafa

αετός
orao

αγριογούρουνο
divlja svinja

ψάρι
riba

χελώνα
kornjača

θαλάσσιος ίππος
morž

αλεπού
lisica

γαζέλα
gazela

Αμερικάνικο ποδόσφαιρο
američki nogomet

ποδηλασία
biciklizam

αντισφαίριση
tenis

μπάσκετ
košarka

κολύμβηση
plivanje

χόκεϋ επί πάγου
hockey na ledu

πυγχαμία
boks

ποδόσφαιρο
nogomet

μπάντμιντον
badminton

στίβος
atletika

χάντμπολ
rukomet

σκι
skijanje

πόλο
polo

δραστηριότητες
aktivnosti

πηδάω
skočiti
αγκαλιάζω
zagrliti
γελάω
smijati se
περπατάω
ići
τραγουδάω
pjevati
ονειρεύομαι
sanjati
προσεύχομαι
moliti se
φιλάω
poljubiti

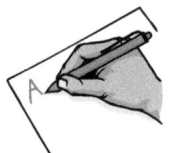

γράφω

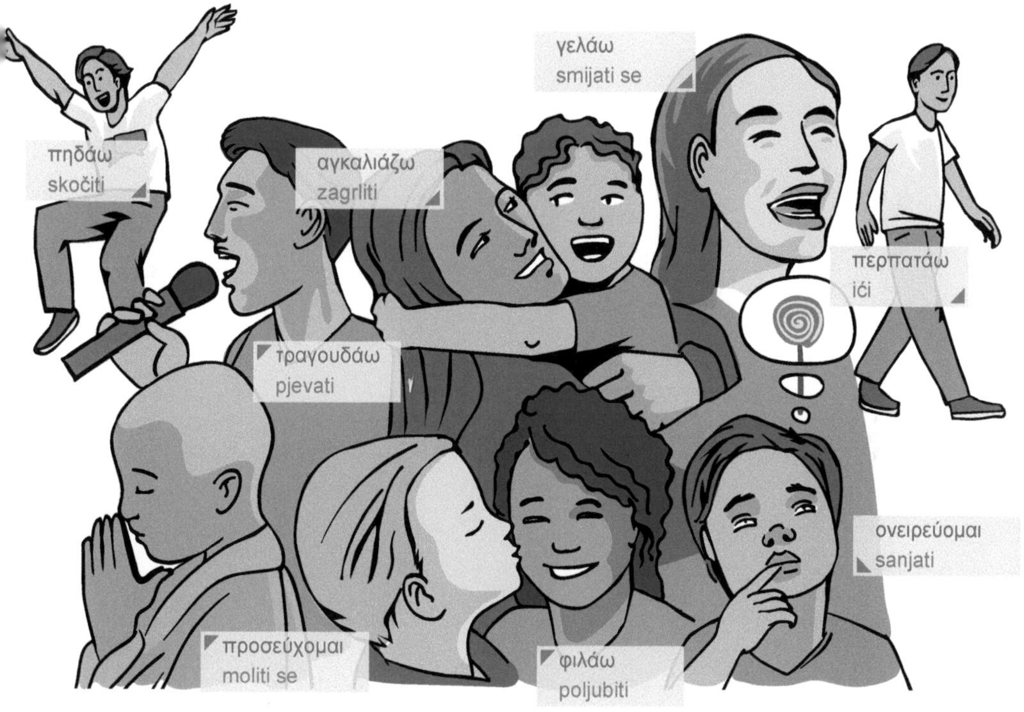

pisati

σχεδιάζω

crtati

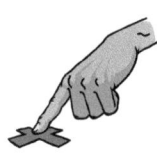

δείχνω

pokazati

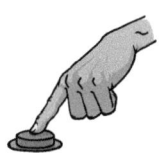

πιέζω

gurati

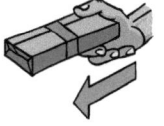

δίνω

dati

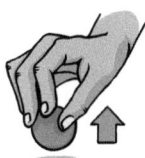

παίρνω

uzeti

έχω

imati

κάνω

činiti

είμαι

biti

στέκομαι

stojati

τρέχω

trčati

τραβάω

povlačiti

ρίχνω

baciti

πέφτω

padati

ξαπλώνω

ležati

περιμένω

čekati

κουβαλώ

nositi

κάθομαι

sjediti

φοράω

oblačiti

κοιμάμαι

spavati

ξυπνάω

probuditi se

κοιτάω

gledati

κλαίω

plakati

χαϊδεύω

milovati

χτενίζω

češljati

μιλάω

govoriti

καταλαβαίνω

razumjeti

ρωτάω

pitati

ακούω

slušati

πίνω

piti

τρώω

jesti

συγυρίζω

pospremiti

αγαπάω

voljeti

μαγειρεύω

kuhati

οδηγώ

voziti

πετάω

letjeti

κάνω ιστιοπλοΐα

ploviti

υπολογίζω

računati

διαβάζω

čitati

μαθαίνω

učiti

δουλεύω

raditi

παντρεύομαι

vjenčati se

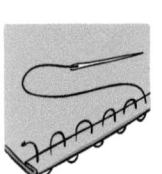

ράβω

šiti

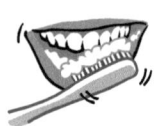

βουρτσίζω τα δόντια

prati zube

σκοτώνω

ubiti

καπνίζω

pušiti

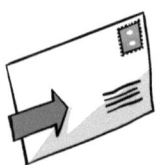

στέλνω

poslati

οικογένεια
obitelj

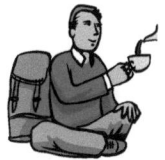

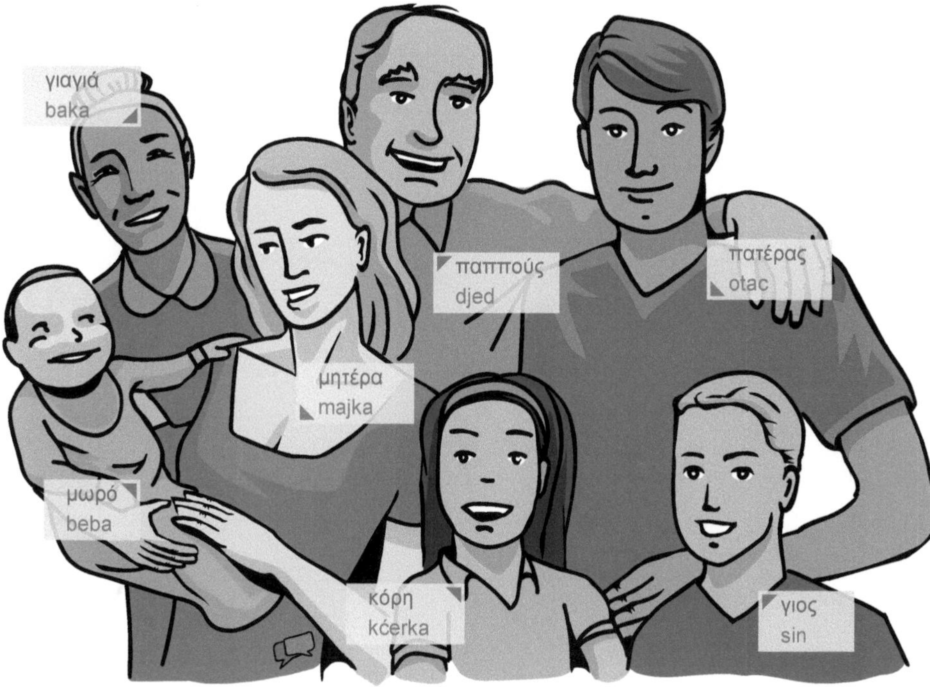
γιαγιά
baka
παππούς
djed
πατέρας
otac
μητέρα
majka
μωρό
beba
κόρη
kćerka
γιος
sin

καλεσμένος
....
gost

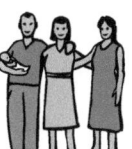

θεία
....
tetka

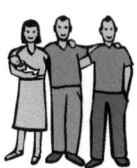

θείος
....
ujak, stric

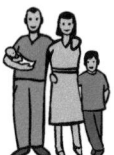

αδελφός
....
brat

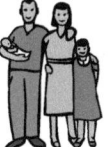

αδελφή
....
sestra

σώμα

tijelo

μέτωπο
čelo
μάτι
oko
ώμος
rame
δάχτυλο
prst
πρόσωπο
lice
πιγούνι
brada
χέρι
ruka
πόδι
noga
στήθος
grudi
βραχίονας
ruka

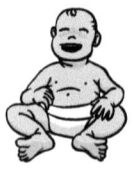

μωρό

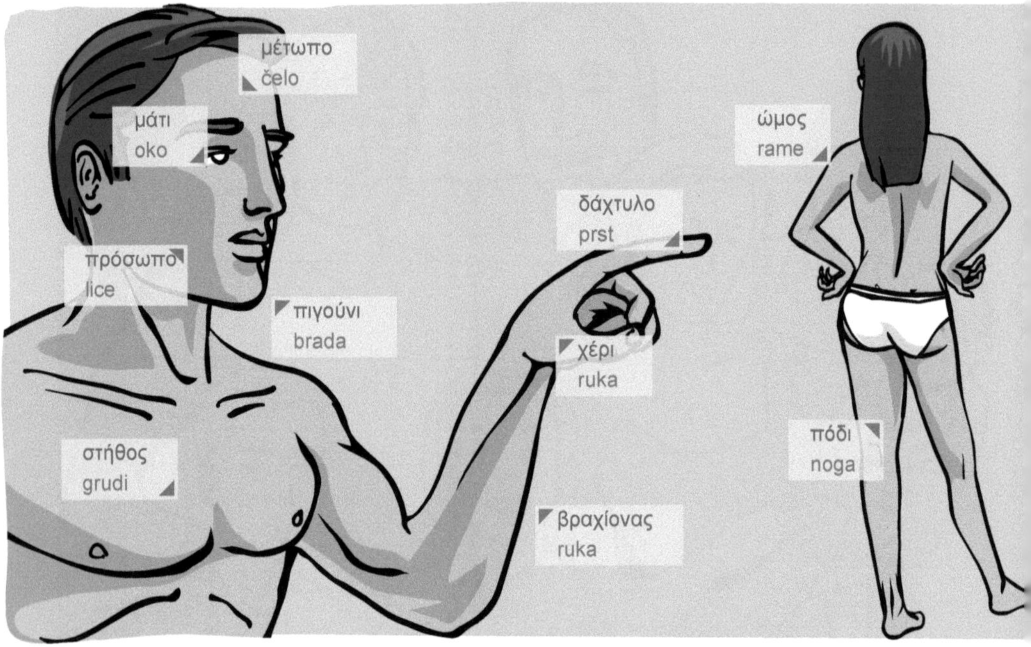

beba

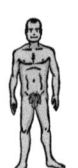

άνδρας

muškarac

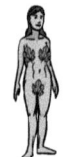

γυναίκα

žena

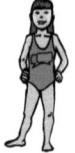

κορίτσι

djevojčica

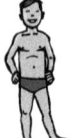

αγόρι

dječak

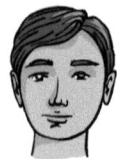

κεφάλι

glava

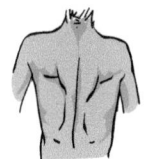

πλάτη

leđa

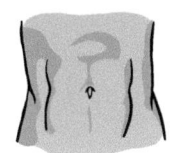

κοιλιά

trbuh

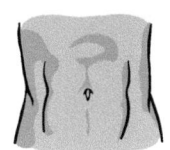

αφαλός

pupak

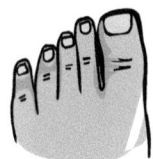

δάχτυλο ποδιού

nožni prst

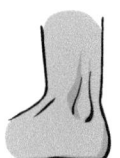

φτέρνα

peta

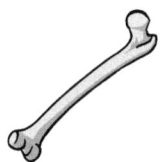

κόκκαλο

kost

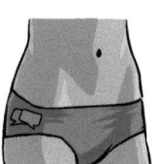

γοφός

kuk

γόνατο

koljeno

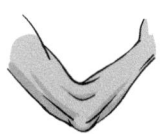

αγκώνας

lakat

μύτη

nos

γλουτός

stražnjica

δέρμα

koža

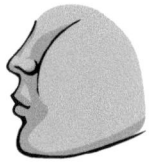

μάγουλο

obraz

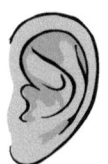

αυτί

uho

χείλος

usna

σώμα - tijelo

στόμα

usta

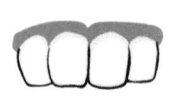

δόντι

zub

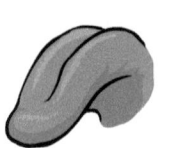

γλώσσα

jezik

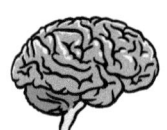

εγκέφαλος

mozak

καρδιά

srce

μυς

mišić

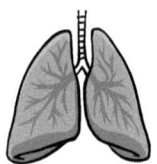

πνεύμονας

pluća

συκώτι

jetra

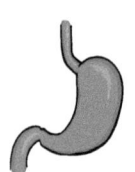

στομάχι

želudac

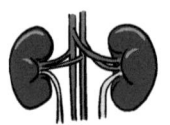

νεφρά

bubrezi

σεξουαλική επαφή

snošaj

προφυλακτικό

kondom

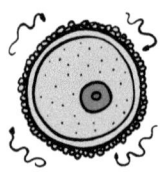

ωάριο

jajna stanica

σπέρμα

sperma

εγκυμοσύνη

trudnoća

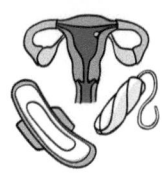

περίοδος

menstruacija

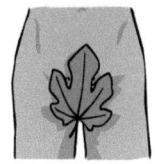

γυναικείος κόλπος

vagina

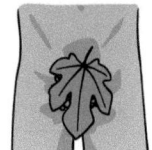

πέος

penis

φρύδι

obrva

μαλλιά

kosa

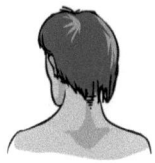

λαιμός

vrat

νοσοκομείο
bolnica

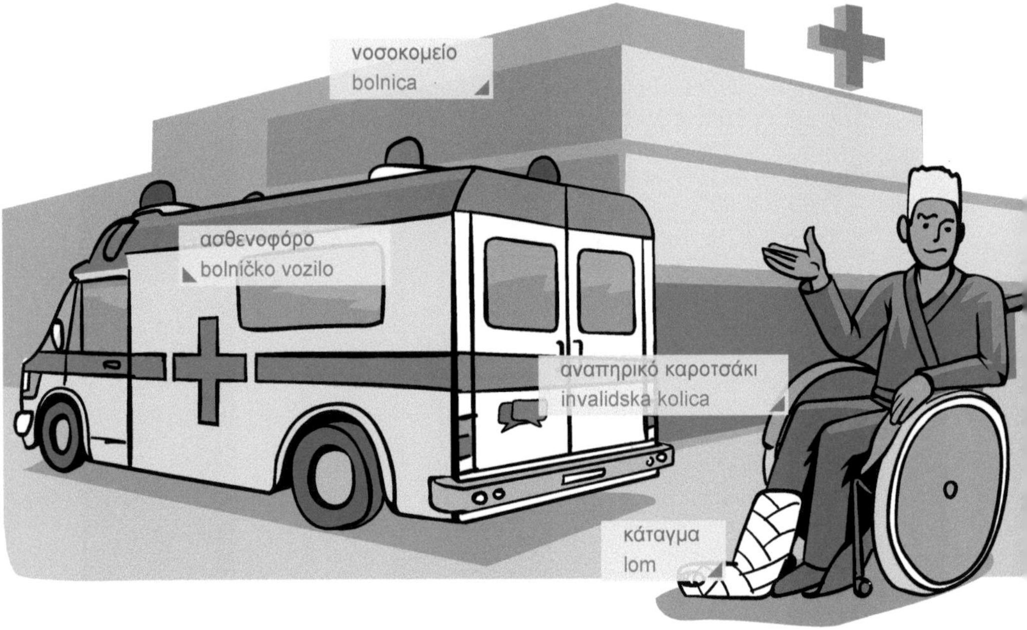

νοσοκομείο
bolnica
ασθενοφόρο
bolničko vozilo
αναπηρικό καροτσάκι
invalidska kolica
κάταγμα
lom

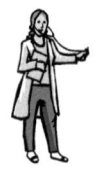

γιατρός

liječnik

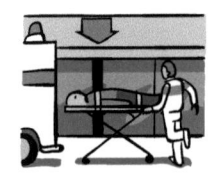

μονάδα εντατικής θεραπείας

hitna medicinska služba

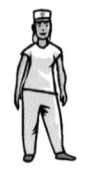

νοσοκόμα

medicinska sestra

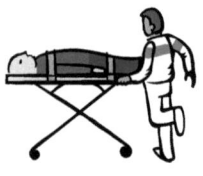

έκτακτη ανάγκη

hitni slučaj

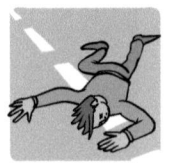

λιπόθυμος

nesvijest

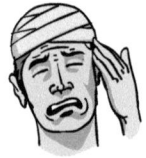

πόνος

bol

τραύμα

ozljeda

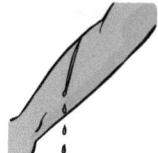

αιμορραγία

krvarenje

έμφραγμα

srćani infarkt

εγκεφαλικό

moždani udar

αλλεργία

alergija

βήχας

kašalj

πυρετός

groznica

γρίπη

gripa

διάρροια

proljev

πονοκέφαλος

glavobolja

καρκίνος

rak

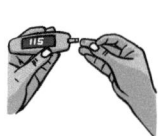

διαβήτης

dijabetes

χειρουργός

kirurg

νυστέρι

skalpel

εγχείρηση

operacija

αξονική τομογραφία

ct

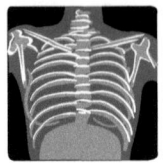

ακτινογραφία

rentgen

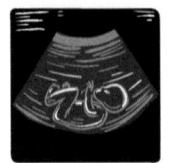

υπέρηχος

ultrazvuk

μάσκα

maska

ασθένεια

bolest

αίθουσα αναμονής

čekaonica

πατερίτσα

štaka

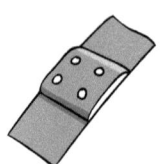

χάνσαπλαστ

flaster

επίδεσμος

zavoj

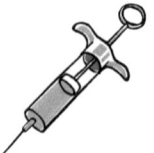

ένεση

injekcija

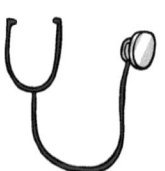

στηθοσκόπιο

stetoskop

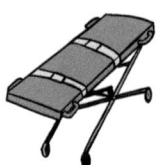

φορείο

nosilo

θερμόμετρο

termometar

γέννηση

rođenje

υπέρβαρο

prekomjerna težina

ακουστικό βαρηκοΐας

slušni aparat

αντισηπτικό

sredstvo za dezinfekciju

λοίμωξη

infekcija

ιός

virus

HIV/AIDS

hiv / sida

φάρμακο

medicina

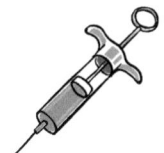

εμβολιασμός

vakcinacija

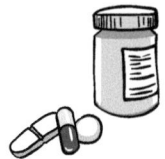

δισκία

tablete

χάπι

pilula

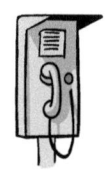

κλήση έκτακτης ανάγκης

poziv u pomoć

πιεσόμετρο αίματος

uređaj za mjerenje tlaka

άρρωστος / υγιής

bolesno / zdravo

Βοήθεια!

pomoć!

συναγερμός

alarm

βιαιοπραγία

nasrtaj

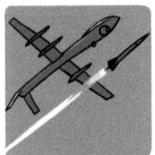

επίθεση

napad

κίνδυνος

opasnost

έξοδος κινδύνου

izlaz za nuždu

Φωτιά!

požar!

πυροσβεστήρας

vatrogasni aparat

ατύχημα

nezgoda

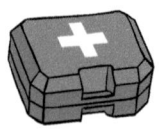

κουτί πρώτων βοηθειών

kofer prve pomoći

SOS

sos

αστυνομία

policija

Ευρώπη

Europa

Βόρεια Αμερική

sjeverna amerika

Νότια Αμερική

južna amerika

Αφρική

Afrika

Ασία

Azija

Αυστραλία

Australija

Ατλαντικός Ωκεανός

Atlantik

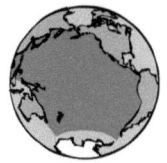

Ειρηνικός Ωκεανός

Pacifik

Ινδικός Ωκεανός

ocean

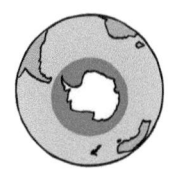

Ανταρκτικός Ωκεανός

antarktički ocean

Αρκτικός Ωκεανός

arktički ocean

Βόρειος Πόλος

sjeverni pol

Νότιος Πόλος

južni pol

Ανταρκτική

Antarktik

Γη

zemlja

γη

zemlja

θάλασσα

more

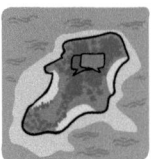

νησί

otok

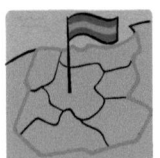

έθνος

nacija

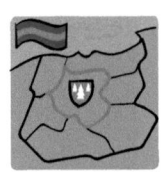

πολιτεία

država

καντράν ρολογιού

brojčanik sata

ωροδείκτης

satna kazaljka

λεπτοδείκτης

minutna kazaljka

δείκτης δευτερολέπτων

sekundna kazaljka

Τι ώρα είναι;

Koliko je sati?

ημέρα

dan

χρόνος

vrijeme

τώρα

sada

ψηφιακό ρολόι

digitalni sat

λεπτό

minuta

ώρα

sat

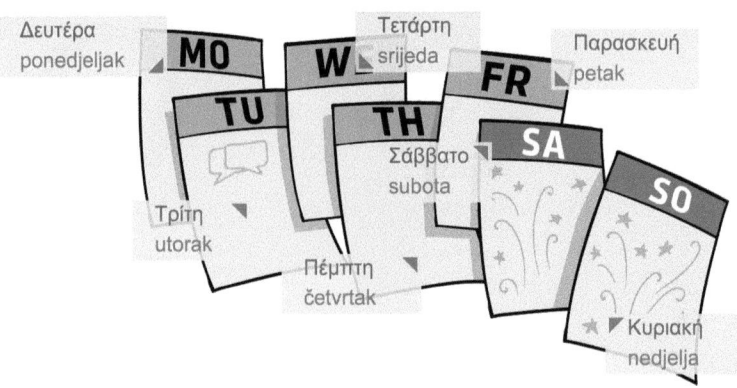

Δευτέρα ponedjeljak — MO
Τρίτη utorak — TU
Τετάρτη srijeda — W
Πέμπτη četvrtak — TH
Παρασκευή petak — FR
Σάββατο subota — SA
Κυριακή nedjelja — SO

χθες
....
jučer

σήμερα
....
danas

αύριο
....
sutra

πρωί
....
jutro

μεσημέρι
....
podne

βράδυ
....
večer

MO	TU	WE	TH	FR	SA	SU
1	2	3	4	5	6	7
8	9	10	11	12	13	14
15	16	17	18	19	20	21
22	23	24	25	26	27	28
29	30	31	1	2	3	4

εργάσιμες ημέρες
....
radni dani

MO	TU	WE	TH	FR	SA	SU
1	2	3	4	5	6	7
8	9	10	11	12	13	14
15	16	17	18	19	20	21
22	23	24	25	26	27	28
29	30	31	1	2	3	4

Σαββατοκύριακο
....
vikend

έτος
godina

βροχή
kiša
ουράνιο τόξο
duga
άνεμος
vjetar
χιόνι
snijeg
άνοιξη
proljeće
καλοκαίρι
ljeto
φθινόπωρο
jesen
χειμώνας
zima

4.APRIL 11°
5.APRIL 4°
6.APRIL 13°
7.APRIL 8°
8.APRIL 10°

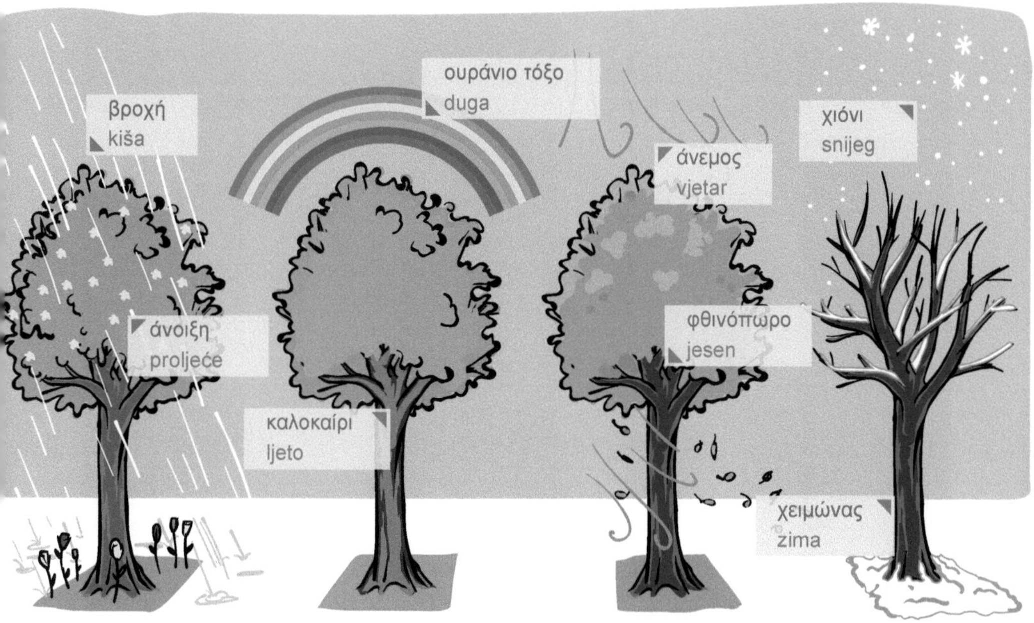

πρόγνωση καιρού

meteorološka prognoza

F C
120 40
90 30
60 20
30 10
0 0
-30 -10
-20

θερμόμετρο

termometar

λιακάδα

sunčana svjetlost

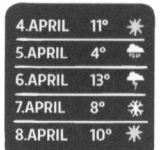

σύννεφο

oblak

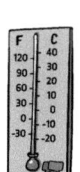

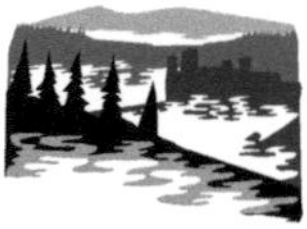

ομίχλη

magla

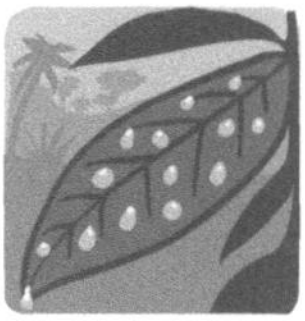

υγρασία

vlažnost zraka

αστραπή

munja

κεραυνός

grmljavina

καταιγίδα

oluja

χαλάζι

tuča

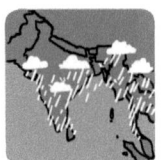

μουσώνας

monsun

πλημμύρα

poplava

πάγος

led

Ιανουάριος

siječanj

Φεβρουάριος

veljača

Μάρτιος

ožujak

Απρίλιος

travanj

Μάιος

svibanj

Ιούνιος

lipanj

Ιούλιος

srpanj

Αύγουστος

kolovoz

έτος - godina

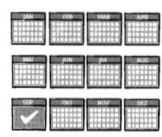

Σεπτέμβριος
....
rujan

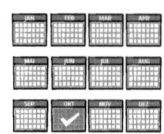

Οκτώβριος
....
listopad

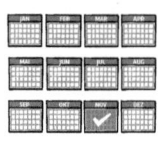

Νοέμβριος
....
studeni

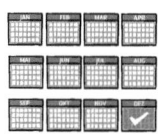

Δεκέμβριος
....
prosinac

σχήματα
oblici

κύκλος
....
krug

τετράγωνο
....
kvadrat

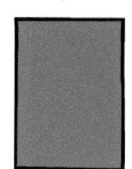

ορθογώνιο
παραλληλόγραμμο
pravokutnik

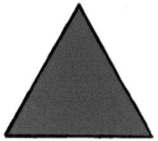

τρίγωνο
....
trokut

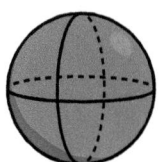

σφαίρα
....
kugla

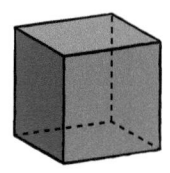

κύβος
....
kocka

άσπρο

bijela

κίτρινο

žuta

πορτοκαλί

narančasta

ροζ

ružičasta

κόκκινο

crvena

μωβ

ljubičasta

μπλε

plava

πράσινο

zelena

καφέ

smeđa

γκρι

siva

μαύρο

crna

πολύ / λίγο

mnogo / malo

θυμωμένος / ήρεμος

ljutito / mirno

όμορφος / άσχημος

lijepo / ružno

αρχή / τέλος

početak / kraj

μεγάλος / μικρός

veliko / maleno

φωτεινός / σκοτεινός

svijetlo / tamno

αδελφός / αδελφή

brat / sestra

καθαρός / λερωμένος

čisto / prljavo

πλήρης / ατελής

potpuno / nepotpuno

ημέρα / νύχτα

dan / noć

νεκρός / ζωντανός

mrtvo / živo

φαρδύς / στενός

široko / usko

βρώσιμος / μη βρώσιμος

jestivo / nejestivo

κακός / ευγενικός

zlo / dobro

ενθουσιασμένος / βαριεστημένος

uzbuđeno / dosadno

παχύς / λεπτός

debelo / mršavo

πρώτος / τελευταίος

na početku / na kraju

φίλος / εχθρός

prijatelj / neprijatelj

γεμάτος / άδειος

puno / prazno

σκληρός / μαλακός

tvrdo / mekano

βαρύς / ελαφρύς

teško / lagano

πείνα / δίψα

glad / žeđ

άρρωστος / υγιής

bolesno / zdravo

παράνομος / νόμιμος

ilegalno / legalno

έξυπνος / χαζός

pametno / glupo

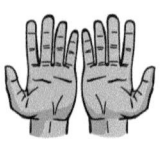

αριστερός / δεξιός

lijevo / desno

κοντινός / μακρινός

blizu / daleko

86   αντίθετα - suprotnosti

καινούριος /
μεταχειρισμένος

novo / rabljeno

τίποτα / κάτι

ništa / nešto

γέρος | νέος

staro / mlado

αναμμένος / σβηστός

uključeno / isključeno

ανοιχτός / κλειστός

otvoreno / zatvoreno

χαμηλόφωνος /
μεγαλόφωνος
tiho / glasno

πλούσιος / φτωχός

bogato / siromašno

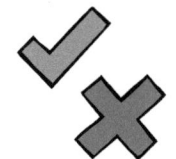

σωστός / λανθασμένος

točno / pogrešno

τραχύς / λείος

hrapavo / glatko

λυπημένος / χαρούμενος

tužno / sretno

κοντός / μακρύς

kratko / dugo

αργός / γρήγορος

polako / brzo

υγρός / στεγνός

mokro / suho

ζεστός / δροσερός

toplo / hladno

πόλεμος / ειρήνη

rat / mir

0	**1**	**2**
μηδέν	ένα	δύο
nula	jedan	dva
3	**4**	**5**
τρία	τέσσερα	πέντε
tri	četiri	pet
6	**7**	**8**
έξι	εφτά	οκτώ
šest	sedam	osam
9	**10**	**11**
εννιά	δέκα	έντεκα
devet	deset	jedanaest

12	**13**	**14**
δώδεκα	δεκατρία	δεκατέσσερα
dvanaest	trinaest	četrnaest
15	**16**	**17**
δεκαπέντε	δεκαέξι	δεκαεφτά
petnaest	šestnaest	sedamnaest
18	**19**	**20**
δεκαοκτώ	δεκαεννέα	είκοσι
osamnaest	devetnaest	dvadeset
100	**1.000**	**1.000.000**
εκατό	χίλια	εκατομμύριο
stotinu	tisuću	milijun

Αγγλικά

engleski

Αμερικάνικα Αγγλικά

američko engleski

Μανδαρίνικα Κινέζικα

kinesko mandarinski

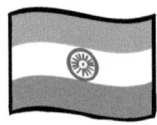

Χίντι

hindi

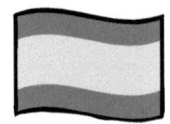

Ισπανικά

španjolski

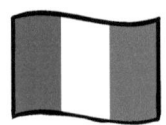

Γαλλικά

francuski

Αραβικά

arapski

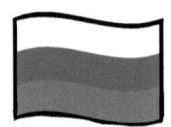

Ρώσικα

ruski

Πορτογαλικά

portugalski

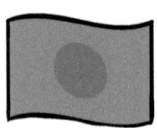

Μπενγκάλι

bengalski

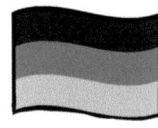

Γερμανικά

njemački

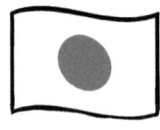

Ιαπωνικά

japanski

εγώ

ja

εσύ

ti

αυτός / αυτή / αυτό

on / ona / ono

εμείς

mi

εσείς

vi

αυτοί / αυτές / αυτά

oni

ποιος / ποια / ποιο;

tko?

τι;

što?

πώς;

kako?

πού;

gdje?

πότε;

kada?

όνομα

ime

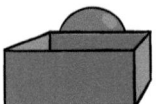

πίσω

iza

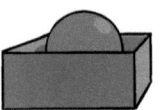

μέσα

u

μπροστά

ispred

πάνω από

preko

πάνω

na

κάτω

ispod

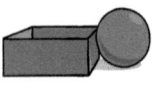

δίπλα

pored

ανάμεσα

između

μέρος

mjesto